高橋絵里香

Koska näin sinisen valon

青い光が見えたから

〔16歳のフィンランド留学記〕

講談社

2000年10月、学校の前で。左から著者、ハンナレーナ、セシリア、ヴァルプ、サンニ。

青い光が見えたから

16歳のフィンランド留学記

Koska näin sinisen valon

16-vuotiaan muistelmat opiskelusta Suomessa

カバー写真　高橋絵里香
扉イラスト　高橋　茜
装　幀　　　城所　潤

もくじ

両親、そしてロヴァニエミの仲間たちに捧げる

Vanhemmilleni ja rovaniemeläisille ystävilleni

プロローグ

Prologi

二〇〇〇年八月一日、ついに五年以上も準備をしてきた出発の日を迎えた。私はこれから高校生活をただひとり、フィンランドで過ごすために旅立つのだ。長年のフィンランド留学の夢を叶《かな》えるために旅立つ私を、旭川空港まで家族が見送りにきてくれた。

「それじゃ……行ってきます！」

一年後の一時帰国まで、会えなくなる家族の表情を胸に焼きつけ、姿が見えなくなるまで何度も振りかえり手を振った。どこまでも広がる畑や山並みを背に、東京に向かう飛行機の中では、ただ一心に父の言葉をくりかえし思い出していた。フィンランドの滞在許可が下りたとき、父は言った。

「この先は、すべて絵里香のがんばり次第だよ」

フィンランド語もほとんどしゃべれない私が、なぜフィンランドに行こうとしているのか。それは、自分を見失いかけていた中学校生活を経ても、消えずに私を導いてくれた一筋の光が、フィンランドから射《さ》すものだったからだ。

こうして、十六歳の私のフィンランドへの旅ははじまった。

成田空港に着いたあと、気を引きしめて、フィンランド行きの飛行機が出発するゲートへ歩いた。乗る飛行機だけはまちがえないように、チケットに書いてある便名や搭乗口の番号を何度も確かめながら、一歩一歩、進んでいった。

やっと飛行機に乗りこんで自分の座席を探していると、同じくらいの年の女の子が、重そうな荷物を上の棚に入れようと苦労しているのに気がついた。すかさず手を貸すと、

「ありがとう。交換留学生？」と、その子が話しかけてきた。

「あ、いや。私は三年間高校を卒業するまで、ずっとフィンランドにいるつもりなんです」

「へぇ、三年も？　すごいねー！」高校二年生の彼女は、フィンランドのラウマという町に、一年間交換留学に行くという。私が滞在する予定の、ロヴァニエミという町よりも、ずっと南にあるらしい。

席についてしばらくすると、となりにフィンランドに住んだことがあるという女性が座った。これから留学することを告げると、彼女はフィンランドについていろいろ話してくれた。

「フィンランドってね。すごくたくさんコーヒーを飲む国なのよ。朝に一杯必ず飲んで、職場でも休憩はコーヒータイムって言ってことあるごとに飲むの」

それは、一年半前に家族と旅行で訪れたときには知ることのできなかった、フィンランドの人々の日常生活の話だった。

「やっぱり旅行でふれられることには限度があるのかな。でも、今度はフィンランドの生活に溶けこむために三年間も留学するんだから、きっといろんなことを自分も体験できるんだろうなぁ」

今はまだ、フィンランドで生活している自分を、リアルに想像することはできなかった。

食事をとったあと、機内の電気が消され、他の人が座席で眠りこんでも、まだここでは気を抜けないような気がしていつまでも眠れずにいた。一睡もできないうちに、機内がまた明るくなったときには、もうかなりの距離を飛んでいた。

出発して九時間、「どこまで飛んできたんだろう……?」と、まぶしく光が射しこんでくる窓をのぞいてみると……確かに見覚えのある、無数の湖をちりばめた半島が見える。とうとう私は、夢を実現するためにフィンランドへやってきたのだ。さまざまな風に吹かれたあとでも、思いは空に描かれた飛行機雲のようにまっすぐに、フィンランドへと向かっていた。

着陸態勢に入り、機内のシートの上で体がふわっと一瞬宙に浮いたかと思うと、飛行機はヘルシンキの空港に着陸した。日本とは六時間の時差がある現地時間、十五時二十分。声をたてて笑いだしたいような、歌いだしたいような気持ちが、私の中にこみあげてきていた。

飛行機を降り、荷物を載せたカートを押しながら、税関の前に並んだ。そこでパスポートを見せたとき、空港に迎えは来ているのか、と英語できかれた。

「はぁ……」イエスともノーともききとれるような曖昧《あいまい》な声で、返事をした。

ロヴァニエミでの身元引受人のライヤさんという人からもらった手紙には、ヘルシンキの空港に彼女の娘さんが来てくれるかもしれない、というようなことが書いてあった。だが税関を抜けて探してみても、それらしい人はいなかった。そうしている間に、交換留学生の子が自分のホストファミリーの姿を見つけて走っていった。取り残された私を見て、飛行機でとなりの席だった女性が心配してくれた。

「迎えの人、いた？」

「いえ、見当たらないんですけど……」

「ひとりで大丈夫？」

「……はい。やらなきゃならないことは、わかってますから」

それをきくと、その女性も迎えにきていたフィンランド人の男の人と空港をあとにした。ここからは本当にひとりだ、とまた気持ちを切りかえて深呼吸をした。

「えーっと、ロヴァニエミへ乗りつがなくちゃならないんだったな」

国内線のターミナルを探しに少し歩くことにした。こんなとき、以前のような私なら、マイナス思考になっていらない心配ばかりしていただろう。心細いことにちがいはなかったが、不思議なまでに、人とちがう道をひとりで歩むことを、もうこわいとは思わなくなっていた。

「あ、そうだ。地図があったんだ」急に思い出して、ポケットの中を探った。飛行機の中にあった雑誌に空港の地図が日本語で載っていたので、そのページを破っておいたのだ。地図にしたがって細い通路を歩いていくと、思ったとおりに国内線のターミナルへ出た。

「やった、あってた！」

まるでパズルを一つ一つ解いているような気持ちになり、小さなことが自信となって、前へ一歩踏みだす勇気になっていた。ロヴァニエミ行きの飛行機に乗りこむとき、機内に日本人らしい人はひとりもいないことに気づいて、とうとう外国にひとりで来たんだなという実感がわいた。

ヘルシンキは暖かかったのだが、北へ向かう飛行機の中は肌寒くなってきた。小さな飛行機の窓側に座り、外をながめていてふと、頭の中を不安がよぎった。

「ロヴァニエミの空港にも、誰も迎えにきてくれなかったらどうしよう」それを考えると、心配で急にお腹が痛くなってきた。「まぁ、なんとかなる。ライヤさんの家の住所は知ってるんだし、人に道をききながら町中歩けばぜったい見つかる」

ロヴァニエミに近づき、飛行機は低空飛行をはじめた。

「うわぁ……」

とつぜん雲が切れ、息をのむような深い緑色の風景が視界に飛びこんできた。人の気配がしない北の針葉樹の森が、途切れることなく地平線まで続いている。うっすら霧もかかっていて、深い森は神聖にさえ見えた。

「この森にサンタクロースのトナカイが住んでるのかなぁ」

美しく、どこかメルヘンチックな風景を目《ま》のあたりにして、私の胸は高鳴ってきた。


ヘルシンキを出て一時間半後、飛行機が着陸し、旅客はタラップを伝って直接外へ降りた。窓から見た森と同じように、ここにも霧が立ちこめていた。時計は午後七時をまわっていたが、辺りは霧で真っ白なのにもかかわらず明るかった。緊張のあまり、私の冷たい指がふるえていた。

霧の向こうに、小ぢんまりとしたロヴァニエミの空港ビルが見えた。ビルのすぐとなりで、こちらを向いて手を振っている女の人がふたりいる。ライヤさんだ。ライヤさんが、娘さんと一緒に迎えにきてくれたのだ。手紙に同封されていた写真と、同じ笑顔のライヤさんを見たとき、やっと目的地にたどり着いたという安堵《あんど》の気持ちでホッと息をついた。

「ヘイ、エリカ！　ロヴァニエミへようこそ」

日本で私が、フィンランド語を十ヵ月間勉強してきたのを知っていたライヤさんは、なんのためらいもなく、最初からフィンランド語で話しかけてきた。

「ロヴァニエミは今寒いのよ。日本は暑かったんでしょう？」

ネイティブのフィンランド語のはやさに、いきなり戸惑ってしまった。それでも「暑い」と「寒い」という単語がききとれたので、ライヤさんの質問にうなずいた。少し考えてから、私も覚えたてのフィンランド語で、

「トキオッサ　オン　クーマ（東京は暑い）」とゆっくり言ってみた。ところが、

「え？　暑いの？　寒いの？」ライヤさんはききとれなかったようで、思いきり耳を私の方へかたむけた。

「えっ、伝わってない。どうしよう……！」同時に汗がにじんで真っ赤になった顔を、思わず両手で隠したくなった。

どうやら私は、kuuma（暑い）とkylmä（寒い）という単語をうまく言い分けられていないようだった。フィンランド語のｕとｙは、どちらも日本語のウと似ているが、ｕは口の中でこもったように、ｙはあごを前に突きだして発音する。フィンランド人にとっては、どちらもはっきりしたちがいのある母音だが、日本語にはないために、どちらも日本語のウと私は発音してしまったようだ。

つい日本語で説明しそうになり、あわてて口を押さえた。ここでは、今まであたりまえのように使ってきた日本語は、まったく役に立たない。こまってしまったが、どうしていいかわからず、黙って下を向いた。自信のない外国語をなりきって発音するのは、なんだか恥ずかしい気が

して、それ以上何も言えなくなってしまった。

「クウマはハァハァ暑いで、キュルマはブルブル寒ーいのよ」

私がこまっているのに気がついたライヤさんは、手で顔をあおいだり身ぶるいするふりをして、単語の意味のちがいを教えてくれた。

「ク、クウマ……？」思いきって、私もライヤさんの言い方を真似《まね》してみた。

「東京は暑いのね」ライヤさんが、正解とでも言うように、にっこり笑った。

「北海道は……キュルマ」〝寒い〟の方もためしに言ってみた。

「そう、キュルマ。ロヴァニエミもキュルマでしょう！」ライヤさんが、寒くてたまらないわぁという顔をしたので、娘さんが明るく笑った。その様子を見て、私もつい吹きだしてしまった。なんて表情が豊かで、ゆかいな人たちだろう。さっきまであった恥ずかしい気持ちが、おかげで少し軽くなったような気がした。

ライヤさんの真っ赤な車に乗りこむと、右側通行の道路で逆走しているかのような妙な気分になりながら、ライヤさんの家へと向かった。

家に着くと、すぐにライヤさんがキッチンに誘った。

「お腹すいてるでしょう？　サンドイッチ食べましょう」

テーブルの上には黒パンやハムの他に、巨大なチーズのかたまりがあり、ヘラにピーラーの刃がついたようなスライサーが添えてあった。

「なにこれ？」私は目を丸くした。

「あら、わからない？　こうやって切るのよ」ライヤさんがスライサーをチーズのかたまりにあてて手前に引くようにすると、チーズがきれいに薄くスライスされた。私もすぐにチャレンジしたが、破れそうなほど薄っぺらくなってしまった。

「こういうの日本にはないの？」不慣れな様子でスライスする私を見て、ライヤさんがたずねた。ううん、と首を横に振って、

「最初から切れてるから」と言うと、ライヤさんも娘さんもおどろいているようだった。

ようやくできあがった、黒いライ麦パンのオープンサンドイッチを食べてみた。食パンよりずっとかたくて、かめばかむほど味が出てくる不思議なパンだ。

「ライ麦パンも初めてだった？　どう、好き？」むずかしい顔をして食べている私に、ライヤさんが楽しそうにきいた。

「おいしいけど……興味深い味」と言うと、ライヤさんと娘さんが笑った。

食卓では、引きつづきフィンランド語で会話がはずんだ。フィンランド語初心者の私にも手かげんなしに、ライヤさんと娘さんはたくさんのことをきいた。

「旅は順調だった？」

「ご両親はどんなお仕事をしてるの？」

「エリカの住んでたホッカイドウってどんなところ？」

私のことも日本のことも、ふたりはとても興味を持ってくれているようだ。

耳が生のフィンランド語に慣れていなくて、一度では質問をききとれず、何度もききなおした。ライヤさんたちと話しているのに、フィンランド語のレッスンを受けているような気分になり、意味がわからなくて私が降参すれば、日本語で話しはじめてくれそうな気がなかなか拭《ぬぐ》えなかった。だが、ライヤさんたちが日本語を話せるわけもなく、ききとることもままならないフィンランド語を使って、これからやっていかなければならないのが実状だった。

そんな私に、ライヤさんと娘さんは、できるだけかんたんな言葉を選んでゆっくりと話してくれた。意味がわからなくて首をかしげると、今度は身ぶり手ぶりで説明してくれた。私がなかなか理解できなくても、粘りづよく説明を続け、すぐにあきらめたりしなかった。私もなんとかそれにこたえようと、頭の中の引きだしを全開にしてみたが、それまで日常的に使っていなかったフィンランド語がすぐに出てこないことも多かった。

「ごちそうさま。フィンランドの食事は……うーん、質素ってなんて言うんだろ。英語ならシンプルだけど」

「さぁ……私は英語はわからないから。でも娘なら」ライヤさんが娘さんの方を見ると、娘さんがすぐに説明してくれた。

十ヵ月あまりしか習っていないフィンランド語に比べて、中学校で習った英語の方が自信があったが、ライヤさんは英語ができなかったので、フィンランド語で話さなくてはならなかった。もし、英語のできるホストファミリーのところへ行っていたら、「初めのうちだけ」と言って英語を話していたかもしれない。だが、高校ではフィンランド語で授業を受けることになっているし、遅かれ早かれいずれはフィンランド語でやっていかなければならない。それなら、最初からフィンランド語一本に集中した方が、上達も早そうだ。

夜になると、大学生でひとり暮らしをしている娘さんは、自分の家へ帰っていった。ライヤさんと話を続けていると、また単語の意味がわからなくて行きづまってしまった。

「あ、いいものがあった」ライヤさんは、思いついたようにとなりの部屋に行くと、フィンランド語英語の辞書を手に戻ってきた。「これ、娘のだけど貸してあげる」

フィンランド語の辞書はまだ持っていなかったので、喜んで借りることにした。これと、持ってきた和英・英和辞書をあわせて使えば、こわいものなしだ。日本にいたときも、日本語のフィンランド語辞書を探してみたが、とても高価なものか単語帳のように薄っぺらなものしかなかったので、こちらへ来てから英語のフィンランド語辞書を買うつもりだった。一つの単語を調べるのに、二冊の辞書を使わなければならないのはめんどうだが、この方法だとよほど専門的な単語でない限り、ほとんどすべての単語を調べることができるのだ。

フィンランドの八月は、白夜のなごりで、夜中の十二時でも外は曇りの日の午後のように明るかった。時計を見なければ、今何時なのかさっぱりわからないほどだ。

「もう遅いわね。外が明るいけどよく眠れるといいね。おやすみなさい」そう言って、ライヤさんはとなりの部屋へ行った。

「おやすみなさい」私も服を着替えて、ベッドにもぐったとたん、長かった旅の疲れがどっと出て、吸いこまれるようにして眠りに落ちていった。


この日から、四年間の高校留学生活を経て今、私はフィンランドの大学に通っている。フィンランドをもう一つの母国のように感じながら、充実した日々を過ごしているが、こんな日々があるのも小学生の頃に読んだ、ある一冊の本との出会いがあったからだ。私がフィンランドという国に興味を持つきっかけとなったその本を、もしそのとき手にしていなかったら、私の人生はまったく別のものになっていたことだろう——。

夢のはじまり

Unelmani alku

ムーミンとの出会い

それは小学四年生の教室で、ある日の休み時間のこと。

「ある春の朝のかっきり四時に、さいしょのかっこうがムーミン家の青い屋根にとまって、カッコー、カッコーと、八回鳴きました。なんだかその声は、まだいくらか、しゃがれていました。なにしろ、まだ春は少し早すぎましたから……」（『たのしいムーミン一家』訳・山室静、講談社）

クラスの友達が、彼女のお母さんが幼い頃に読んだという、古い本を読みきかせていた。最初は上の空できいていた私も、朗読の上手な彼女の声に誘われて、だんだん物語の世界に引きこまれていった。

「……ムーミントロールたちは山で黒いぼうしをひろいました。ところがそれは、中に入ったものをおかしなものにかえてしまう、ふしぎなぼうしだったのです……」

そのとき彼女が読んでくれたのは、ほんの一章だけだったが、きいていた私の心をひきつけるのには十分なほどだった。ストーリーの続きを知りたくてうずうずしていた私は、友達にこうきかずにはいられなかった。

「ねぇ、その本借りてもいーい？」

学校から帰ってくると、さっそく借りてきたばかりの本を開いてみた。ページをパラパラとめくっていて妙な挿絵《さしえ》が目にとまった。そこに描かれていたムーミントロールは、それまで私が知っていた、カバを思いうかべてしまうような、アニメのムーミンとはまるっきりちがっていた。黒目の小さなまんまるの目、細長く垂れさがった鼻。かわいいというよりは、気味のわるい感じさえした。

それが、小学四年生の私が夢中になった本、フィンランドの作家トーベ・ヤンソンの『たのしいムーミン一家』だった。

本を読むのは以前から好きだったが、とりわけ私は『たのしいムーミン一家』のとりこになってしまった。どうしてなのかすぐにはわからなかったが、どうやらその本は、それまで読んだ童話や絵本とは根本的に何かがちがっているようだった。

その独特の世界にはまず、他の本には見られないような「不気味さ」があった。子どもを守るために「危ないから」と言って、大人が隔離してしまいがちな「危険」や、わくわくするような「恐怖」がそのまま存在していて、どこか親近感の持てる性格のムーミントロールが仲間たちと織りなす数々の冒険に、私は胸を躍らせた。

子どものための本にありがちな、登場人物は「みんなお互い仲良し」という社会もなく、登場人物を「悪者」や「良い人」にはっきり区別をつけることもない。そういう意味では、ムーミントロールたちが森の妖精であるにもかかわらず、限りなく私たちの現実に近い、人間くさい世界が描かれていた。

登場人物も、また他に例がないくらい個性的だ。姿も性格も生い立ちもまるきりちがう彼らは、好きになれない相手に対して、苦手なものは仕方がないとわりきって、必要なだけの距離を保ち、代わりにお互いのありのままの姿を受けいれていた。ストーリーを通して語る、決まった教えなどは、一つもはっきりと提示されていないのにもかかわらず、その本から学ぶことはありあまるほどあった。

次第に私も、ムーミン谷の風変わりな住人のひとりになったような気になっていた。ムーミンシリーズを全部読みおえてしまっても、ここでこの世界が途切れてしまうのはなんだかとてもさみしい気がした。そうして、興味の先はだんだんトーベの生まれ故郷、フィンランドへ向かっていった。

「こんな本を書くトーベ・ヤンソンの生まれた国って、いったいどんなところなんだろう……！」

フィンランドは、日本でムーミンのふるさととして紹介されることが多かったため、私の中でもとてもかんたんにムーミンとフィンランドは結びついた。

それから、フィンランドを紹介している本や雑誌を見つけては、片っぱしから読んでいった。フィンランドは北欧と呼ばれる北ヨーロッパの国の一つで、そこではフィンランド語という独特の言葉が話されていた。国の面積は日本とあまり変わらないのに、人口は日本のおよそ二十四分の一。代わりに数えきれないほどの湖と森が大地を覆いつくしているという。北の町を北極圏のラインが通過するというその国で、オーロラの舞う暗く長い冬には、家族が一緒にあたたかくクリスマスのひとときを過ごし、日の沈まない白夜の夏、人々は湖のほとりで太陽の陽射しを喜びあい夏祭りを祝う……。かじりつくようにしてページのすみずみまで読んだが、情報が少しずつしか手に入らないのがもどかしかった。そして、どうしてもムーミン谷で体験したような心躍る冒険を、ここで終わらせてはいけないような気がしていた。

フィンランドという国をもっと知りたい、そこへ行ってみたいという気持ちは、すぐに私の中で膨れあがり、みるみるうちに大きくなっていった。見ききしてきたフィンランドの人々や生活に私もじかに触れて、そのすべてを体験してみたいと思った。その時点ですでにはっきりしていたのは、このフィンランドに対する気持ちは、短期間の観光旅行だけではまず満たされないだろうということだった。

「フィンランドに留学したい」

『たのしいムーミン一家』を初めて読んだ日から、ほぼ一年後。それは、びっくりするほど自然に出た答えだった。


「私、フィンランドに行きたいんだ！　そこでフィンランドの人たちと一緒に暮らしてみたいの。フィンランドの学校に行こうと思ったら行けるかなぁ？」

そう思うや否や、すぐに両親に打ちあけてみることにした。

「それはいいねー」

自分自身もトーベ・ヤンソンの本を読んだことがあり、私のフィンランド好きをよく知っていた父と母は、ふたりとも最初から賛成してくれた。それは、幼い私の突拍子もなく大きな夢だったが、私が冗談半分ではなく、本気であることをふたりはすぐにわかってくれた。

「こういうことは早いうちに話を進めておいた方がいいな」と父は、とても熱心に話を前に進めようとした。「留学したい」と思ったのはいいが、それならそのために何をすればいいのかというと、小学生だった私には見当もつかないでいた。

それからは、父と話しあいながら具体的な計画を立てていった。

「まず、いつどういう形で留学するかが問題だね」

「私、フィンランド語ができるようになりたいの。だから大人になってからじゃなくて、もっと早いうちに行きたいんだ」

小学生だった私には、フィンランドの中学校に行く方法もありえたのだが、小学校を卒業してすぐに親元を離れてしまうほど急ぐ必要もなかったし、いろいろな準備をするためにも、出発までまだ何年か時間があった方がいいとも思った。そうして、高校生になったら留学する、ということで話を進めることにした。

高校留学に的をしぼってから、最初にあがった方法は、国際的な交流機関などによる交換留学だった。

「高校生で留学するって言ったら、交換留学かなぁ」父が、腕組みをしながら言った。

「交換留学って？」私がきくと、

「国同士で交換留学生に選ばれた生徒を交換するんだ。交換留学生は、行き先の国に一年間留学することができるんだよ」と、父は説明してくれた。

「一年だけ？」

交換留学では、出発するまえにすませなくてはならない滞在許可の申請も、現地で通う学校も、ホームステイ先もすべて機関が手配してくれるので、一番かんたんに留学を叶えられそうな方法だった。だが、その国に滞在できるのは一年間だけ、ということがどうしても私の中で引っかかった。一年間というのは、フィンランドの暮らしに溶けこみ、フィンランドという国をよく知りたいという私の目的を考えると、どうしても短すぎる気がした。

「それなら、現地の高校で卒業を目指せばいいよ」

父はいつも私の希望を尊重してくれた。

「でも、フィンランド語もできないのに、いきなりフィンランド人と一緒の学校に行っても、大丈夫かな？　授業にもついていけないと思うよ」初めて私は少し不安に思った。

「何言ってるの。フィンランド語を学ぶのが目的の一つなんでしょう？　大丈夫だよ。行ってみれば、最初はわからなくても、語学力なんて知らず知らずのうちについてくるもんだよ」と父も励ましてくれたので、無謀かもしれないが、初めからフィンランドの高校に入学し、そこで卒業するまで学ぶという方法（卒業留学）を目指そうと思った。フィンランドの学校では、八月から新年度がはじまることになっていたので、春に日本の中学を卒業したあと、数ヵ月の準備期間を経て、夏にフィンランドへ向けて出発すればいいのだ。綿雲のようにふわふわとしていた私の夢もこれでようやく形になり、進んでいく道が見えはじめていた。


だが、情報収集は思うようにはかどるものではなかった。まず父が東京にあるフィンランド大使館に留学生を受けいれてくれるフィンランドの高校について問いあわせてくれたが、これといった情報は得られなかった。大学生になってからの留学はわりあい一般的だったが、高校の卒業留学はほとんど例がないらしい。北欧の国々の留学インフォメーションを扱っている団体にきいても、返事は同じだった。やっと、他の北欧の国の日本人学校や、フィンランドの国民高等学校などについての情報は手に入ったが、どれも私が希望しているものとはちがっていた。そんなときは、フィンランドがはるか遠くのまぼろしの国のように思えて、やるせなくなった。

それでも、あきらめずにフィンランドの方向にアンテナを張っていた結果、「北海道フィンランド協会」という交流機関にめぐりあうことができた。協会に加入したとき、私は小学六年生だった。協会の催しもので、日本に住むフィンランド人に会う機会にも恵まれ、今までずっと探し求めていたフィンランド留学に必要な情報もやっと少しずつ入りはじめた。憧れのフィンランドに一歩一歩近づいているのを感じながら、私はフィンランド留学を実現させようと夢を大きく描いていた。「無理かもしれない」などとは考えることもなく、フィンランドに行きたいと、ただひたすら願っていた。その思いは、何にも負けないくらいつよい——はずだった。

自己否定の迷路

『たのしいムーミン一家』との出会いから二年半が経ち、私は中学生になった。三年後のフィンランド留学の夢へどんどん近づいて、わくわくした三年間を過ごすはずだった。ところが、いったいどこで何をまちがえたのだろう。どうやら私はそのまえに、深い暗闇へと迷いこんでしまったようだ。身も心もボロボロになる、迷路の中へと――。

私の通った小学校は、とても小さな学校で、上級生も下級生もお互い友達のような存在だった。ところが中学校では、上級生とはいつも敬語で話さなくてはならなくて、廊下ですれちがうときは、必ず自分から頭を下げてあいさつをしなければ、生意気と言われた。トラブルを起こさないようにと視線を避けているうちに、私はいつのまにか人の目をまっすぐ見ることができなくなってしまった。上級生とのふれあいが一番多い部活動でも、上下関係がはっきりしていた。校則も細かく、制服のスカートの長さはひざまでと決まっていたし、髪の長さやゴムの色、靴下の色、外見に関することは何から何まで決まっていて、髪を染めたりピアスを開けることも、他の多くの日本の中学校のように禁じられていた。

また、経験の少ない若い先生たちは、体罰や脅しによって生徒に言うことをきかせようとしていた。宿題や教科書を忘れると拳《こぶし》で頭を殴る先生や、授業中騒がしくなると急に大声で怒鳴ったり、教卓を蹴りたおしたりする先生が何人もいた。なかには、先生に胸倉をつかまれたり、背中を蹴られたりした生徒もいた。しかし、暴力の程は、けがをするほどひどくはなかったためか、一度も公《おおやけ》に問題になったことはなかった。

その中に、生徒が忘れ物をしたり授業中おしゃべりをしたときに、他の生徒たちに笑いかけながら見せしめのようにひっぱたいたりする先生がいた。私に直接その手が振りあげられることはなかったが、ある日、教室に入ってきた先生に女子生徒が、「教科書を忘れました」と言いにいったとき、最後まで言い終わらないうちに彼女の頭に拳《こぶし》がとんできて、しかも先生は、「今、いい音したね」と笑ったのだ。その女子生徒は、小学四年生の頃ムーミンの本を読んでくれた私の親友だった。親友はただ、目に涙をにじませながら笑いかえすことしかできなかった。

そのとき彼女はなぜ、なぐられたうえに笑われなければならなかったのだろう。怒りがこみあげてきたのに、それを訴える勇気のない自分が心から情けなかった。

「どんなことがあっても、生徒が何をしたとしても、教師に生徒を殴ったりする権利はないんだよ」以前、教員だった父と母は、そう言っていた。

それならなぜ、そんなことが平然と行われているのか。話が矛盾しすぎて、私にはわけがわからなかった。

親しくなった先生には、他の先生のそんな行為について思いきって話したことがあった。誰かに話すことで状況が変わるのではないかと、私は願っていた。先生も、「暴力はいけない」という私の話に、深くうなずいてくれた。

ところが、それから何日も経たないうちに、その先生は騒いでいたという理由で、固く丸めた教科書で女の子の頬を思いきり殴ったのだ。それも私のすぐ目の前で……。すがるようにして紡《つむ》ぎあげた先生への信頼の糸は、あまりにもあっさりと切りはらわれてしまった。

それでも、きちんと話をすれば先生もきっとわかってくれると信じて、もう一度談判に行ったが、

「俺は教師になりたくてなったんじゃない!」

という先生の怒鳴り声に、わずかな希望もうち砕かれてしまった。私の両親も先生と話しあってくれたが、状況は少しも変わることがなかった。

そんな先生たちに対して、私の不信感はどんどん募っていった。許されざることが黙認されるのは、きっとそれが私の知らなかった「現実」というものだからなのだろうと、すべてをあきらめるようになった。

それ以来、私は何かに対して疑問を持つこともなくなった。自分が目立ったことをして、理由もなく笑われたり、目をつけられたりしないように、周囲と歩幅さえもあわせようと必死になっていた。恐ろしいことに、自分を押し殺していることにも自覚がまるでなかった。

他人に自分の存在を拒否されたり、否定されたりすることを何よりこわがるようになった。人の顔色をうかがいながら、本当はいつもビクビクしている自分がいた。

「ごめんなさい！　何度でもあやまるから、どうか私を憎んだりしないで」と、ひどくおびえ、何に対してもすぐにあやまる癖がついたのも、このときだった。

自分でも気づかないうちに、自分の髪の毛を抜く癖が出たり、原因不明の湿疹にも悩まされたりした。休日も、家にいる時間のほとんどを寝て過ごすようになったが、今思えば、そうすることでかろうじて自分の肉体と精神の安定を保とうとしていたのだろう。しかしそのときは、なぜこれほどまでにすべてに対して投げやりな気持ちになるのか、なぜこれほどすべてを否定して眠り続けたくなるのか、自分でもわけがわからず、両親や他の人に相談もできなかった。そしてそのうち、自分のあたためてきた留学の夢にまでも身を縛られそうな気がして、それすらどうでもいいと思うほど、私の心は病んでいった。

そんな環境の中、私は毎日を平穏に過ごしていくだけで、精いっぱいだった。友達と集団で群れることに安心感を持つようになり、「みんなとおんなじような高校に行けばいいや」と、本気で思いはじめたこともあった。人とちがう道を歩むことを、こわいと思うようになっていたのだ。こわいだって？　フィンランドにつよく魅《ひ》かれた小学生の頃の私なら、他の人がどんな道を行こうがかまわなかったはずだ。夢どころか私が見失っていたのは、自分自身だった。

その間もひとりで留学に関する情報を探していた父が、ある日とつぜん言った。

「フィンランドに一度下見に行ってみよう！」

「えっ？」

「留学するなら、そこが実際にどういうところなのか、この目で見てみる必要があるんだよ」

「……下見に行ったら、フィンランドの高校に行くことに決まっちゃうんでしょう……？」

「そんなことはないよ。行くか行かないかは、自分自身で決めればいい」と言う父にようやくうなずいて、私は父と妹と三人で、フィンランドへ一週間の旅行に出発した。一九九九年、中学二年生の終わりの春休みのことだった。

夢の国へ

成田空港からフィンランドの首都ヘルシンキまでの九時間は退屈だったが、やっと飛行機の窓からフィンランドの地が見えてくると、横目でそっと青い半島を見た。生まれて初めて見たフィンランドは、写真やテレビで見たとおり湖がいっぱいで美しかった。外国がどんなところか想像さえできなかったのだが、飛行機がヘルシンキの空港に着陸したときに目に飛びこんできた風景は、おどろくほど故郷の北海道のものとよく似ていた。

「なんだか近所の林みたいだねぇ！」父と妹が顔を見あわせて言った。

おかげで初めて日本を出たのに、はっきりとした実感というようなものはわかず、カラフルでおしゃれな町並みや金髪でブルーの瞳の人々を目にして、ようやく自分はいつもとはちがう世界にいるようだと感じたくらいだった。

まず、ヘルシンキの留学センターを訪ねて話をきいてもらったが、日本でさんざんきいたものと似たような返事が返ってきた。

「フィンランド語がほとんどできないなら、フィンランド人の普通高校で卒業留学は無理でしょう。フィンランドの高校には、とてもレベルの高いフィンランド語による卒業試験というものがあって、それに合格しないと卒業できないのです。大学生になってからの方がチャンスはありますよ」

入学することはむずかしいが卒業するのは比較的易しい日本に対して、フィンランドは正反対ということらしい。

「留学は大学生になってからでいいから、高校留学はもういいよ……」半分あきらめたような私の言葉に、父はただ黙っていた。

そのあと、小学生の頃に留学先の第一候補にあげていた、オーロラも見える北のロヴァニエミという町を訪れた。

「もし絵里香がフィンランドの高校に留学できるとすれば、この学校だと思うよ」町の中心にある高校に向かいながら、父が言った。協会を経て知りあった現地のラップランド大学事務総長のリルバリさんが、ロヴァニエミのリュセオンプイスト高校を紹介してくれたのだ。これまでいろいろな人に情報を求めたが、具体的に学校を紹介してくれたのはリルバリさんだけで、この学校が最後の望みだった。

リュセオンプイスト高校の校舎は、古くて大きなレンガ造りだった。校舎に入っていくと、中が妙に明るい感じがして、上を向いた。天井が吹き抜けになっていて、「学校」とは思えないほどの開放感にあふれていた。壁には教室のドアがずらりと並んでいて、それに沿って二階と三階には、白い柵に縁どられた通路がぐるりとホールの縁をまわっている。それぞれの階は階段でつながっていて、どこの階にいても教室の中にいないかぎりは、校内全体が見まわせるので、誰がどこにいるのかもすぐにわかってしまいそうだ。

そのうち、背の高い金髪のフィンランド人の生徒たちの好奇心旺盛な視線に気づき、目をあわせないようにとまたうつむきながら、父のあとをついていった。校長室で椅子に腰かけると、校長先生は単刀直入に私に英語で質問した。校長先生は女の人で、きりりとした面持ちだが、口元は穏やかに微笑《ほほえ》んでいるように見えた。

「それであなたは、この学校で何年間勉強したいのですか?」

英語は得意なはずなのに、いざとなったらこわくなって私は一言もしゃべれなかった。父はがんばって私の代わりに英語で答えてくれた。

「三年間です。この学校で卒業を目指したいのですが、どうすれば入学許可がいただけるのでしょうか？」

すると、校長先生は考えるそぶりもせずに、びっくりするようなことを言った。

「私が許可すれば入学できるのです。そして私は娘さんの入学を認めます」

その声はどこか貫禄があった。どうやら校長先生は、会うまえから私を入学させる気でいてくれたらしい。

「えっ、本当に……？」こんなにかんたんに、ことが運んでいいものかと、父と私は顔を見あわせた。今までずっと、むずかしいフィンランド語の入学試験があるものとばかり思っていたのだ。

「こんなことなら、最初から直接、現地の人や学校にコンタクトをとってみればよかったんだね」父も安堵の表情を浮かべて言った。

その日は、偶然にも一年間日本に交換留学していたというフィンランド人の女の子、デリヤが校長先生と私たちとのやりとりを通訳してくれた。デリヤがあまりに明るく気さくな雰囲気なので、私も思いきって日本語で話しかけてみた。

「日本語、上手ですね」

「そんなことないよ。でもありがとう」と言って、デリヤはやさしく微笑んだ。年は三つも離れているが、彼女との間に少しも隔たりを感じなかった。それどころか今初めて会ったばかりだというのに、彼女の存在をとても近しく感じていた。それがなぜなのか、私は不思議でたまらなかった。

高校に対して何かこわいイメージを持っていた度胸のない私が、実際にこの目で見たら、ますます留学したい気が失《う》せるのではないかと思っていたが、かたくなだった私の心の中に少しずつ変化が起こっていた。もしかしたらそのときすでに、その学校に何か運命のようなものを感じていたのかもしれない。

そのあとデリヤは、私たちをホテルまで送り、予約の確認をしてくれた。そのうえ翌日には、ロヴァニエミにある観光地のサンタクロース村の案内役まで、買って出てくれた。一時の出会いだったとはいえ、デリヤは私にとって、初めてのフィンランド人の友達となった。

初めて実際に触れることができたフィンランドという現実の国は、私の憧れや期待を少しも裏切らなかった。滞在五日後、ヘルシンキから日本へ戻る飛行機の窓越しに、私は遠ざかっていくいくつもの湖をいつまでもながめていた。

ただ一つはっきり感じたのは、小学生の頃から抱いていたフィンランドに対する気持ちは、この旅行だけでは満たされなかったということだ。行きとはまったくちがう新たな気持ちで、私は帰りの飛行機のシートに座っていた。

「私はきっと、フィンランドに戻ってくる……！」

ひとりきりの進路

春休みが終わり、私は中学三年生になった。留学についてはそれまで父に頼ってしまった分も、これからは自分で努力をしようと私は決意していた。留学に必要なフィンランドの滞在許可は、高校がはじまる翌二〇〇〇年の夏の出発までに取らなくてはならず、余裕を持ってその半年前にあたる、その年の秋の終わり頃には申請できるよう、準備をはじめることにした。申請には、その時点で出ている中学校の成績証明書が必要で、三年生の一学期の成績がそれだった。リュセオンプイスト高校の校長先生は、私の中学の成績を見るまえに一応すでに入学許可をくれたのだが、正式な許可はまだこれからだったし、それには中学の成績が良いにこしたことはなかった。それなら、一学期にすべてをかけるくらいの意気込みで、最高の成績を取るために力を尽くしてみようと思った。

失敗が許されない一学期の期末試験には、全科目、猛勉強して挑んだ。そうして、私は総合でも各教科でも、今までで最高の点数を取ることができた。
「やった……！」成績表を見て安心すると、つっぱっていた糸が、ブツンと音をたてて切れた感じがした。

やがて秋になり、担任の先生とマンツーマンの進路指導がはじまって、クラスのほとんどの人が町内の高校かとなり町の高校に行くことを知った。私は留学のことはギリギリまで、先生にも友達にも話さなかった。フィンランドに行けると完全に決まるまでは、誰にも話さずに、ただ自分の中で夢をあたためていたかった。

そのうち申請のために、中学校から成績証明書をもらわなければならない時期になり、私は思いきって自分の希望する進路を担任の先生に話した。
「留学だって⁉　フィンランドの高校なんかに行って、そのあと日本に戻ってきても、日本の大学や専門学校へ行くときに単位は認められるのか？」
先生はただおどろいていたが、書類はそろい、滞在許可申請の封筒を東京のフィンランド大使館に送った。

しかし、フィンランド旅行をして気分を一新した状態は、そう長くは続かなかった。一学期の極端ながんばりが、反動として返ってきた。成績を上げるためには、授業中に活発に手をあげて発言するのはもちろん、誰もやりたがらない仕事を進んで引きうけたり、嫌いな先生にも慕っているように見せて、先生たちに気に入られるような「良い子」を演じたりしなくてはならないと信じこんでいたのだ。

(本当は大嫌いで話したくもないのに、なぜそんな先生に笑いかけるの?)

これまでも本当の自分は、道化のようになってしまった自分に問いつづけてきた。だがそうするしか方法はないと必死になっていた私は、自分の問いかけを無視しつづけた。自分の意思とはうらはらの行動をとり、自分に対する信頼感もこのときすっかり失《な》くしてしまった。

三学期になり少しずつ中学卒業が近くなっていく頃、私は精神的に不安定になり、授業を抜けだしては学校の保健室に逃げこむようになった。何もかもうまくいっているような顔をして、平然とクラスにまじり授業を受けるのが、たまらなく苦痛だった。教室を出ると、罪悪感とともに安心感が生まれた。他の人がいる前でさえ自分を抑えられなくなりそうで、助けを求めて保健室に転がりこむと、かぼそい声で保健の先生に打ちあけた。

「急に心細くなってしまったんです。卒業したらクラスの友達はみんな道内の高校に行くけど、私だけが外国へ……。ひとりぼっちになってしまうような気がする」そんな私の話を、先生は黙ってきいてくれた。

すでに申請中の滞在許可を、今さら止めたいわけではない。日本の高校を「すべり止め」として受けたくなったわけでもない。ただ前に進むのがこわくて、かといってここで立ちどまっていると、苦しくて窒息しそうなのだ。とにかく一呼吸だけでもいいから、どこかで思いきり息をしたかった。


そして春、クラスメートたちの入試が終わり、しばらくして結果発表があった。

「今年も三年生全員合格しました！」担任の先生が満足そうに言った。

「わぁー！」クラスで拍手が沸きあがった。

「私は？」その中で乾いた拍手を送りながら思った。「私はまだ滞在許可が下りてないから、行けるかどうかわからないのに……」

その「三年生全員」の中に、私は含まれていなかった。私が教室にいようがいまいが、そんなことは誰にも関係ないことのようで切なかった。

結局、三年間の中学生活で、この学校が私の「すべて」になってしまっていた。学校の外にも、日本の外にも世界があることを理屈ではわかっていたが、そんなことはもう想像もできなかった。私の「世界」は、あまりにも狭すぎた。それなのに私は、その狭い世界にこだわり、しがみつき、失うことを恐れた。自分には他に何もないと、思いこんでいたからだ。

目を開きたくて

三月の終わり、中学校を卒業し、家に待機していた私のもとへ、フィンランド大使館から一通の手紙が届いた。そこにはただ一文で、こう書いてあった。

「フィンランドでの滞在許可は下りません」

滞在許可が下りなければ、どんなにそれ以外のことがととのっていても、フィンランドに行くことはできなかった。

「どうして？　留学先の学校も見つかったのに……」

同級生の友達が、希望に胸を膨らませて新しい高校へ通う準備をしている間、私はひとりで、計画も立てることなく、ただだらだらと一日を過ごしていた。滞在許可が下りなくて、どうしていいのかわからないでいた。しかし、ここで足踏みしているわけにもいかなかった。

そんなある日の午後、なんのあてもなく、ふらりと外へ出てみた。しばらくひとりきりになりたい気分だった。誰の存在を感じることもなく、誰も私を見ることも声をきくこともできない場所へ行きたくて、ふと雪で真っ白な裏山のてっぺんを見あげた。

「決めた。山に登ってやる。頂上まで歩いていってやる」

それは以前に、家族とクロスカントリースキーで登ったことがある山だった。畑がふもとまで続いていて、低い木しか生えていないため見通しがきいたが、頂上まで道があるわけではなかった。どこも雪が深くて、一歩一歩踏みだすたびにひざの上まで雪に埋まった。だがそんなことはかまわなかった。足にまとわりつく深い雪や重力と戦いながら、少しずつ前に進んだ。

「そうだった……」歩きながら思った。「もうそんなこと忘れ去ってたけど、本来の私は、一度決めたことをそうかんたんにあきらめられるような人間じゃなかったはずだ……!」

無心になったとたん、ずっと心の真ん中にあったのに気づかないふりをしてきた思いが浮かびはじめ、知らないうちに涙があふれていた。怒りや悲しみ、憎しみが入りまじり、言葉にもならない感情が、堤防を破って一気に流れだしていた。

生ぬるい学校生活は、刺激もなくぼやけていたのに、痛みばかりはいつも感じていた。やがてそれもマヒしてしまうと、心がボロボロになった自分に気づくことができなくなった。なぜ自分がそんなにもろくなってしまったのか理解できず、そんな自分を受けとめることもできず、このままではいけないという気持ちは自己嫌悪に変わって、ますます自分を追いつめるだけだった。

畑を抜け山を登りはじめると、地面が急になり、頂上まで這《は》って進まなければならなかった。

「うわあぁー!!」声がかれてもなお、私は泣き叫んでいた。叫ぶのはどんな言葉でも、言葉でなくてもよかった。

ただ、この三年間私を縛っていた鎖を、素顔を覆っていた何かを引きちぎり、自分を自由にしてやらなくてはならなかった。

さまざまな感情をその下に隠した無表情な私の顔は、微笑むことを忘れてしまった。周りの人に表情で気持ちを伝えることもできなくなり、鋼鉄のロボットのような自分の中に本当に血が流れているのかどうか、疑わしいときもあった。

頂上が近くなると、風はつよさを増した。十メートルほどもありそうな、ダケカンバの木の前を通ったとき、立ちどまって上を見あげてみた。木々は、強風に耐えながら、力づよく天に向かってそびえていて、その姿は実にたくましく、神々《こうごう》しかった。見える景色に圧倒されて、涙もいつの間にか止まっていた。そこから頂上まではすぐだった。

一番高そうな雪だまりの上に這いあがると、風を背にしてゆっくり立ちあがってみた。腹ばいになっていても吹きとばされそうな暴風にあおられ、私の弱々しい体は押したおされそうだったが、足にぐっと力を入れて踏んばった。風上の方にはとても向けそうもなかったが、ここまで来たら自分がどこまで耐えられるか、なんでもやってみたくなった。

そして胸いっぱいに息を吸いこむと、思いきって風が来る方へ向きなおってみた。大粒の氷の欠片《かけら》のような雪が、顔に容赦なくバチバチあたり、肌に食いこむような痛さに歯を食いしばった。両手を風に向かって広げると、目をうっすら開けてみた。その瞬間、まぶたに氷の塊が命中し、痛くて一瞬目を閉じてしまった。が、すぐにもう一度開けてみた。まつげにこびりついた雪と涙で何も見えなかったが、それでも今度は目を見開いていた。目にヒリヒリするような痛みを感じ、口を開けると冷たい強風が喉まで雪や氷の粒を押しこんできたが、それでも両手はまっすぐ伸ばしたまま、しっかりと風に向かって立っていた。そうして私は、初めて自分の意思で何かに抵抗しているような気持ちになった。

「うおぉー!!」

風に巻きこまれそうになりながら、声をしぼって叫んだ。

「私はみじめでちっぽけな人間だ。すべてを誰かのせいにして、自分の足で立とうともせず、自分の脳で考えようともしなかった、哀れでよわい人間だ。それでもどんな強風も私を吹きとばすことはできない。だって、私は生きているんだから……。誰がなんと言おうと私は……生きてるんだー!」

いつの間にか、また涙があふれてきた。叫びおわったとたん、冷たい空気が喉でつかえて、むせ返りながら地面に倒れこんだ。いい気分だった。仰向けになって上を見ると、吹雪で真っ白で何も見えなかったが、空がとても近いところにあるのは感じていた。

山を下りるときは足取りもずいぶん軽く、走って転げおりたりしながら、いつの間にか声をたてて笑っている自分がいた。そんな自分が信じられず、可笑《おか》しかった。

ところが、吹雪は登りのときよりひどくなり、視界がどんどん悪くなってきた。頂上からまっすぐ行きと同じ道を歩いているつもりだったが、いつの間にか私は森に迷いこんでしまっていた。風のために、ついさっき歩いていた場所からも足跡が完全に消され、どこから来たのかもわからなくなっていた。

「こんな大きな森が近くにあったっけ？」辺りを見まわしてみても、どの方角も同じように見えて、どちらへ行けば森から出られるのか、まったく見当がつかなかった。

「どうしよう……」途方にくれて、私はがむしゃらに歩きだした。けれども、いくら前に進んでも、自分が深い森の中にいるのは変わらなかった。急に私はこわくなった。

「このまま森を抜けられずに、遭難しちゃったら、どうしよう！」

いったん足を止めて、落ちつくことにした。

「パニックになったって仕方がない」一度深呼吸をしてから、まだかすかに残っている方向感覚をたよりに、家のありそうな方向を割りだしてみた。

「こっちだ……！」家がその方向にあるという保証はまったくなく、もしかしたらどんどん森の深いところへと歩いているのかもしれなかった。だが、迷っているときではなかった。自分を信じて、前に進んでみるしかなかった。

しばらく歩くと、光の射してくる明るい林に出ていた。希望を感じて走って林を抜けると、山を登るまえに歩いた畑に出た。私の家も離れたところに見え、ホッとしたと同時に足の力が抜けたが、もう一度立ちあがると足早に家へ向かって歩いていった。

そんな誰も知らない不思議な体験が、私の中でなくてはならない出来事になった。心を新たにできた私は、自分にも夢にもまた前向きになることができた。長い間私は、自分を奮いたたせるきっかけを欲しがっていたのかもしれない。誰もいない場所ですべてをさらけだし、好きなだけ弱音を吐いたあと、自分自身ともう一度向きあうことを必要としていたのだろう。

森や山などの自然の真っただ中にひとりでいると、自分の抱えている問題がどんなに小さなものかが見えてくる。誰にもそれぞれ自分を原点に戻す方法があるのなら、自然にかえることが私の術《すべ》だった。

今さら残念でしたとあとに引くことはできず、申請書類を見なおしてみた。許可の下りなかった原因は、どうやらホストファミリーが最後まではっきり決まらなかったことのようだったので、ホストファミリーを見つけてまたすぐに滞在許可を申請しなおすことにした。

遠いフィンランドにホストファミリーを見つけるのは、本当に困難だったが、ようやく知り合いの伝手《つて》でロヴァニエミの女性を紹介してもらい、とりあえずその人が身元引受人になってくれることになった。それがライヤさんだった。今度はきちんと滞在先の住所も記入して、五月にもう一度滞在許可を申請しなおした。今度こそ、と信じて話を先に進めるしか、他に道はなかった。それはまるで、あの森で迷っているときのようだった。そして七月、「試しに最初の半年」という条件でとうとう滞在許可が下りたのだ……!

「やっとここまで来られたね」長い間、私の夢を応援していてくれた父が、肩の荷が下りたように言った。「このあとは誰も手助けできない。この先は、すべて絵里香のがんばり次第だよ」

こうしてムーミンの本と出会ってから六年、ようやくたどり着いたロヴァニエミで、私のフィンランドでの高校留学生活がはじまった。中学生の頃のことは、できればすぐに忘れてしまいたいと思っていたが、実はそのすべてが、欠くことのできないものとして、これからの出来事と深く交わっていくのだった。

Ensimmäinen vuosi

一年目

未知の世界で見いだしたもの

憧れの国にたどり着いて

フィンランドで、初めての朝を迎えた日。目を覚ますと、時計はすでに午後の一時を指していた。

「おはよう。もう目を覚まさないかと思ったよ」部屋に来たライヤさんが、陽気に笑った。ゆっくり起きあがってみたが、時差ぼけのためか体がとてもだるかった。

以前に一度旅行で来たとはいえ、フィンランドでは何もかもがとても新鮮で、毎日が新しい発見にあふれていた。なかでも、フィンランドの食事は、日本のものとはかけ離れていた。ゆでたじゃがいもやマカロニを主食にして、肉の入ったソースを作るというのが基本的な料理で、パンは何が食事に出ても必ず一緒に食べることになっていた。一度に出される料理はたいてい一皿だけで、そのためかフィンランド料理は、日本料理に比べると質素な感じがした。それでも、フィンランドの湖の魚料理や森で摘《つ》んできたベリーのデザートは、すぐに私の大好物になった。

親身になって世話をやいてくれるライヤさんは、今まで出会った誰よりも笑顔がやさしい人だった。好奇心も旺盛なライヤさんは、いつも私や日本のことをききたがったので、会話が絶えることもなかった。フィンランド語がろくにできないにもかかわらず、私もライヤさんにはいろいろなことを話したくなった。話すたびにいちいちエネルギーを費やさなければならないのに、話すのが億劫《おっくう》にならなかったのは、どんなときもライヤさんが私のことをきちんと理解してくれようと、粘りづよい態度で接してくれたからだ。

ある日、ライヤさんがフィンランドの地図をくれたので、ラウマという町がどこにあるのか調べてみようと思った。

「同じ飛行機に日本人の女の子がいて、ラウマに行くって言ってたんだ」

「どこだって？」

「……ラウマ」

「あー、Rauma ね」と、ライヤさんがRのところで思いきり巻き舌をした。私も続いて真似してみたが、どうしても巻き舌ができなかった。

「日本語に舌を巻いて発音する音はないみたいね。大丈夫、そのうちできるようになるよ。フィンランド人も子どもの頃はできないんだから」ライヤさんがやさしく笑った。

ライヤさんの家に来て数日が経ち、私はホストファミリーを探すことになった。

「もちろんエリカがここにいたかったら、ずっといてくれてもいいのよ。でも、私の仕事とエリカの学校がはじまったら、時間があわなくて、エリカがひとりで家にいることが多くなってしまうと思うの。今はフィンランド語をしゃべりはじめた最初の大事な時期だから、いつも誰かと一緒にいられるような大きな家族の家にステイした方がフィンランド語も上達するだろうし、ひとりぼっちになることもないと思うの」

ライヤさんはいつも、私にとって何が一番良いかを考えてくれていた。新聞社に勤めるライヤさんは、最初の話どおり、すでに新聞に広告を載せてホストファミリーを探してくれていた。

「ほら、あなたは人気者よ！」そう言ってライヤさんが差しだした紙には、広告を見てホストファミリーを申しでてくれた人たちの名前がリストになっていた。十五軒くらいはあっただろう。

「こんなにたくさん……？」誰も希望者がいなかったらどうしよう、という心配は余計なものだったようだ。こんなにもたくさんの人が、見知らぬ外国人の私を受けいれようとしてくれるとは。さっそくこの町に、あたたかい印象を持った。

ライヤさんが集めておいてくれた情報によると、その中のウリニヴァ一家には、リュセオンプイスト高校に通っている女の子がいる。ライヤさんと一緒に、その一家に会ってみることにした。

ウリニヴァ家に着くと、美しい花に包まれた庭で家族の人たちが出迎えてくれた。

「ようこそ」家族のお母さんのシルッカさんと、抱きあってあいさつをかわした。軽く抱きあうという、新しいあいさつの仕方にまだ慣れていなかった私は、動きがぎこちなくなってしまった。お父さんとは握手をしながら、お互い自分の名前を言いあった。

「ヘイ、ペッカ」

「ヘイ、エリカ」

「ヘイ」は気の置けない間柄で使うフィンランドのあいさつで、言いかわすとつながっているような感じを覚えて、私はとても好きになった。

家中を案内してもらったあと、キッチンでテーブルを囲み、コーヒーや紅茶を飲んだ。ライヤさんが、「エリカはフィンランド語を話しますよ」と最初に言ってくれたので、ウリニヴァさんたちも、私にフィンランド語で話してくれた。ライヤさんのように、シルッカさんも私にはゆっくりとかんたんな言葉で話してくれたが、ライヤさんとシルッカさんたちが話しているときは、横できいていても少しも理解できなかった。

しばらくして、ふたりの娘さんと二階の部屋に行くことにした。私より一学年上で高校生のエーヴァも、三つ上で大学生のリーサも、興味津々《しんしん》にたくさんの質問を私にあびせた。ところが、ふたりはとても早口で若い人に特徴的な話し方をしていたのか、何をたずねているのか少しも理解できなかった。とにかく何もききとれなくて、何度も何度もくり返しききかえした。

「ライヤさんの言ってることはだいぶわかるようになったはずなのに、おかしいなぁ」

下の階から、シルッカさんの呼ぶ声がきこえた。

「天気がいいから、庭に行きましょう」

ふたりの娘さんと一緒に私も外へ出て、庭の椅子に腰かけて話を続けた。子どもの話をしていたらしいリーサが私にきいた。

「私、子どもが大好きなの。エリカ、小さい子どもは好き？」

子どもはみんな好き、というより仲良くなれるかどうかによる、という答え方をしようと思ったのだが、そんな複雑な言い方が、私にできるはずもなかった。いろいろ考えたあと、

「全部の子どもが好きなわけではない」と言ってみたが、それでは私の返事は「嫌い」と言っているようにきこえた。リーサがこまった顔をしたので、あわてて近所の子たちとはよく遊んだし、好きだと言いなおした。私のフィンランド語では、その質問に好きか嫌いか答えるのがやっとだった。それでも、ウリニヴァ家の人々は気を悪くしたりせずに、いつも笑顔で私に話しかけてくれた。帰りの車の中で、ライヤさんがきいた。

「どうだった？　とても感じのいい家族だと思ったけど」

「うん、ウリニヴァ家に決めた」

とうとう、私の落ち着くホストファミリーが決まった。

フィンランドに着いてから一週間後、ライヤさんの車で送ってもらい、私はウリニヴァ家へと引っこした。

ウリニヴァ家に着くと、シルッカさんがおだやかな微笑みを浮かべて言った。

「私たちをホストファミリーに選んでくれて、うれしいわ」

重いトランクを引きずって中に運ぼうとすると、ペッカさんがひょいと持ちあげて、二階の部屋へ運んでくれた。

ライヤさんは、貸してくれていたCDラジカセと電気スタンドを、もう使わないからと言って、私にゆずってくれた。必要最低限のものしか持っていなかった私には、とてもありがたいプレゼントだった。

「この一週間、本当にありがとう」これまでライヤさんがしてくれたことに、ありがとうの一言でしか感謝の気持ちを伝えられないのが、もどかしかった。日本からやってきたばかりで、不安だらけの私の手をとって、フィンランドでの暮らし方を教えてくれたのがライヤさんだ。これからフィンランドでやっていけそうだな、と思えたのは、ライヤさんのおかげだった。

「これからは、ウリニヴァ一家の人たちがエリカの家族になるんだけど、私はそれでもエリカのロヴァニエミのお母さんだからね。いつでも会いにきていいし、こまったことがあったらなんでも相談してね」そう言って、ライヤさんは私をぎゅっと抱きしめると、家へ帰っていった。

その晩、ペッカさんは、「エリカはまだトナカイは食べたことないだろう」と、得意のトナカイ料理の腕をふるってくれた。添えられたマッシュポテトや、リンゴンベリーという野生のベリーとの組み合わせが絶妙で、いくらでも食べたくなるくらいおいしかった。

食事が終わり、あとかたづけを手伝おうとすると、シルッカさんは汚れた食器を大きな食器洗い機の中に詰めこんでいた。食器洗い機はライヤさんの家にもあったのを思い出した。

「フィンランドの家にはどこにでもあるみたいだな」ライヤさんやシルッカさんのように、フィンランドでは女性も働くのが一般的なので、家事はかんたんにすませられるようになっているのだろう。

ウリニヴァ家のバスルームには、シャワーの他にサウナもついていた。

「サウナはフィンランド人の楽しみの一つでね、一戸建ての家にはどこもあるし、アパートにも共同のサウナが必ずついてるのよ」シルッカさんが説明してくれた。フィンランドのサウナは、たくさんの蒸気とともに木の香りがして、とても気持ちがよかった。あがったあとも体がいつまでもポカポカしていたので、サウナのおかげでフィンランドの人たちは、日本のお風呂のようなものがなくても寒い冬も乗りきれるのだろうな、と思った。

次の日は、シルッカさんの職場を訪ねた。行きの車の中でシルッカさんが仕事について話してくれたが、また肝心な単語がわからなくて、なんのことだかわからなかった。町から少し離れたその場所に着くと、いろいろな国籍の人たちがいるのに気がついた。

「私の新しい娘よ」と言ってシルッカさんは、職場の仲間に私を紹介してくれた。もう家族の一員だと思ってくれているようで、とてもうれしくなった。家に戻って、シルッカさんがくり返し使っていた言葉を辞書でひいてみると、シルッカさんは、フィンランドへ来る難民の人たちを援助する、赤十字の施設に勤めていることがようやくわかった。

高校の入学式が近づいたある日、同じ高校に通うエーヴァと一緒に、必要なものを買いに町へ出かけることにした。エーヴァは町へ行くついでに、学校へ行く道も教えてくれた。

「ここで右に曲がるんだよ」

真剣にエーヴァの説明をきいては、ときどきうしろを振りかえって、これから毎日通うことになる通学路の風景を覚えようとした。

ロヴァニエミは、人口三万五千人ののどかな町で、市街地もこぢんまりしていたが、北部では一番大きい市で、ラップランド地方の中心地になっている。町でエーヴァのいとこと落ちあうと、一緒に町の真ん中を通る道沿いにある、「フィンランドの本屋」という本屋に入っていった。二階の文房具売り場にまっすぐ上がると、エーヴァがフィンランドの高校で使う文房具を見せてくれた。

「ノートは持ってる？　学校ではこういうノートをどの教科でも使うんだよ」と言って、エーヴァが指したノートには、小さなマス目がたくさん入っていた。

「日本から持ってきたノートは横罫のものばかりだから、この際なんでもフィンランド式にそろえてみようかな」そう思って、私もフィンランド風のノートを何冊か買ってみることにした。まえから欲しかった自分用のフィンランド語の辞書も、学校がはじまるまえに手に入れようと思った。その本屋には、いろいろな大きさの辞書があったが、なかでも一番分厚いものを選んだ。英フィンとフィン英、あわせて六万語。これならきっと、いろいろな場面で活躍してくれそうだ。

　店内で目があうと、エーヴァもいとこも、やさしく微笑み返してくれた。うれしかった半面、反射的に目をそらしてしまって、笑顔を返せない自分が悲しくなった。


　入学式のまえの夜、ふと時計を見ながら、家族のことを考えた。

「十一時かぁ……。時差は六時間だから日本はもうすぐ朝だな。まだみんな寝てるかな」

　シルッカさんたちは「学校でこまったときは、エーヴァが助けてくれるから大丈夫よ」と何度も言っていたが、そうは言っても、いつも私のお守《も》りばかりしていたらエーヴァが疲れてしまうだろう。

「明日は大丈夫かなぁ。ただ家にいるときでさえ、フィンランド語ができなくて苦労しているっていうのに、学校がはじまったらいったいどうなっちゃうんだろう」

大きな期待と、同じくらい大きな不安と緊張で押しつぶされそうになりながらも、私はベッドの中に入ると目を閉じて明日という日を待った。

初めての学校

目覚まし時計が鳴るまえに目が覚め、ドキドキしながら起きあがった。

フィンランドの高校に、制服がないのは知っていたが、入学式くらいはスーツを着なくてはならないのかとエーヴァにきくと、「普通の服でいいんだよ」と言われ、ジーパンにカットソーという、思いっきり普段着で行くことにした。

「本当にこれでいいのかなぁ」と思いながら、持ち物を確認した。「準備は万端かな？　きのうのうちに必要なものはかばんに入れておいたはずだけど……」とは言っても、思いついたのは筆記用具くらいだ。通学かばんは、こちらに来てからリュックサックを買った。これもエーヴァが、「リュックは自転車に乗るときも楽だから」と勧めてくれた。

一階に下りると、シルッカさんもペッカさんもすでに出勤していた。エーヴァと一緒にパンとヨーグルトだけの軽い朝ごはんをすませると、リーサに自転車を借りた。

「今日はがんばってきてね」リーサが笑顔で見送ってくれた。

滑るような下り坂を走って十分後、学校が近づいてくると、緊張で胸が苦しくなってきた。

「どんな一日になるんだろう。相変わらずフィンランド語は下手だし、こんな調子でほんとに大丈夫なんだろうか。フィンランド人はシャイだってきいたから、どっちにしろすぐには友達ができないだろうなぁ」

そんなことを考えているうちに、学校に着いてしまった。校庭に自転車を止めて、古い赤レンガの校舎を見あげたとき、なつかしいと思ったのは、一年半前に一度訪れたからだろうか。

「ついに今日からこの学校の生徒なんだ」

胸の高鳴りは、最高潮だった。


校内は、登校してきた新入生や在校生であふれ返り、大賑わいだった。友達の姿を見つけて大喜びで抱きあってる人々、きっと上級生だろう。彼女たちにとっては、長い夏休みを経ての再会のようだ。雰囲気に圧倒されてポカンと立っていると、「エリカの教室を探しにいこう」とエーヴァが誘った。

ホテルのようにズラっと並んでいる教室のドアには、それぞれ新入生の名前が書かれた紙が貼ってあった。生物の教室のドアのリストから、「タカハシ・エリカ」の文字を見つけて、やっと入学したという実感がわいてきた。

普段は名前を先に言うのに、どうしてこのリストには苗字が先に書いてあるのと質問すると、名簿のようにたくさんの名前が連なるときや正式な式で名前を呼ぶときは苗字を先に言うんだよ、とエーヴァが教えてくれた。

エーヴァによると、今日は式というほど形式ばったものは用意されていなくて、新入生や在校生のために校長先生がスピーチをすることになっているらしい。それまでは、エーヴァのうしろについて歩くことにした。周りの人の話し声は、フィンランド語のはずなのに、きいたこともない外国語のようにきこえて不安になった。おまけに人の波をかき分けて歩くたびに、たくさんの視線を感じていた。ここでは私は「外国人」だった。わけもなく自分が恥ずかしく思えて、下を向いた。そんななか、エーヴァのおかげでひとりきりにならなかったのは、ありがたかった。

校長先生のあいさつは、きいていてもほとんど理解できなかったので、その間フィンランドの高校生を観察することにした。およそ七百人の生徒たちが、ごちゃっと固まりになったり、バラバラになったりしながら、吹きぬけのホールが見わたせる踊り場に立っている校長先生を見あげていた。日本とちがって列にもなっていない。エーヴァの言ったとおり、カジュアルな服装をしている人ばかりで、リュックを背負っている人が多かった。

「なんだか思ったよりみんなシンプルだなぁ。特に女の子なんて高校生っていったら、一番派手におしゃれを楽しみたい時期かと思ったけど」

おどろいたことに、先生たちでさえスーツを着ていないのだ。校長先生は、かろうじてフォーマルな格好をしていたが、トレーナーなどラフな服装の先生たちがほとんどだ。もっとびっくりしたことに、この高校の四十人あまりの先生のうち、八割は女の先生だった。しかも、ベテランの先生ばかりで、二十代や三十代の先生が見当たらないのだ。なんだか、日本の学校とはずいぶんちがうようだということが、これだけ見てもはっきりと感じとれた。

校長先生の話が終わり、新入生は体育館に集まることになった。エーヴァと別々になって心細く感じたが、そこでまた校長先生の姿を見つけてホッとした。

体育館で空いてる椅子に座ったとき、となりに来た外国人の女の子がフィンランド語で話しかけてきた。

「ヘイ！　私、ファルザネっていって、イラン出身なの。あなたはどこから来たの？」

「日本から。エリカっていうの」そう答えると、ファルザネは忘れないようにと、黒のマジックで私の名前を自分の手のひらに書いた。もっと彼女と話を続けたいと思ったところだったが、校長先生がマイクに向かって話しはじめた。エーヴァもいないことだし、今度はリスニングのテストのような気分で集中してきいていたが、先生が言っていることはまったくと言っていいほどわからなかった。あきらめてぼんやりしたまま座っていると、とつぜんヤパニ（日本）という単語が耳に飛びこんできた。

「今日はなんと、遠く日本からこの学校で勉強するために来た生徒がいます。エリカ！　どこですか？」校長先生は、二百人以上もいる新入生たちの前で、私の名前を呼んだ。

「えっ？　うそ、私のこと？」急なことにどうしたらいいのかわからなかったが、とりあえずおずおずと立ちあがると、手をあげて私の居場所を知らせた。そのとたん、二百人の注目を一気に浴びてしまい、頭の中が真っ白になった。私を見つけて校長先生は微笑むと、新入生たちに、エリカがこまっているときはぜひ力になってあげてください、というようなことを言っているようだった。

校長先生の歓迎のあいさつのあと、新入生を受けもつ担任の先生たちが、生徒の名前をずらずらと読みあげはじめた。

「私は一Aだ。それじゃ、またあとでね！」ファルザネは、最初に呼ばれたAクラスの生徒たちと一緒に、自分の教室に向かった。ききなれないフィンランド人の名前が連なるなか、私は自分の名前をちゃんとききとれるかどうか心配だった。だが、

「タカ……ハ…シ、エリカ！」派手なオレンジ色の服を着た女の先生が、つっかかりながら私の苗字を言ったのをききのがさずにすんだ。すらすらと言われていたら、自分の名前さえも気づか

なかったかもしれない。私のクラスは一Dで、担任は地理と生物を教えている、そのオレンジの服のタルヤ・ヴオンナラ先生だった。

先生のうしろに続いて、一Dの生徒たちは、二階にあるさっきの生物の教室に行くと、それぞれ好きな場所に座った。座席表というものはないようだ。先生は新しい生徒に歓迎のあいさつをすると、

「私のことはタルヤと呼んでください」と言った。先生を名前で呼ぶなんて不思議な感じがしたが、私もヴオンナラ先生ではなく、タルヤ先生と呼ばせてもらうことにした。そのあとは、さっそく学校の制度について説明しているように見えたが、耳に慣れていないタルヤ先生の話し方は、校長先生の話よりももっとききとるのがむずかしかった。他の生徒がみんなわかっているのに、私だけ理解できなくてこまったが、どうしようもないので、ただタルヤ先生を見ていることにした。ときどき笑いを交えて話を進める先生が、ユーモアがあってとてもはつらつとした人だということは、雰囲気からも感じとることができた。

話の内容を何も理解できずにポカーンと座っていると、とつぜんクラスメートたちがみんないっせいに立ちあがり、勢いよく教室のドアから外へ飛びだしていった。

「な、なんだ⁇」まるで「ヌーの大移動」のようなすさまじさにあっけにとられて、教室にとり残された私に、タルヤ先生がゆっくりと教えてくれた。

「今、休み時間がはじまったのよ」

だからと言って、何もあんなに血相変えて教室から出ていかなくても、と不思議に思っていると、先生が紙を手渡してくれた。

「はい、これ座席表。今自分の座っている位置に名前を書きこんでおいてね」

紙には、机をかたどった四角と、その内側に自分で書いた生徒たちの名前が並んでいた。それは授業中に前の席からまわってきたが、なんだかわからずにすぐにうしろにまわした紙だった。

「私もこれを見てみんなの名前を覚えようと思うから、週一回のホームルームでこの教室に集まったときは、今日と同じ場所に座ってね」と、タルヤ先生が微笑んだ。

「えっ、そうなの？」なんと、生徒たちが座る場所は、先生が独断で決めるのではなく、生徒たちが好きな場所に座って自分で決めるようだ。

私がさっきの説明についていけてないことに気がついたタルヤ先生は、休み時間のうちにいろいろ教えてくれた。一対一だと、タルヤ先生も私の調子にあわせてくれたので、さっきよりは理解することができた。タルヤ先生は、私のことを本当に気にかけてくれていて、できることはなんでもしたいと思ってくれているのが伝わってきた。話しかけるたびににっこり笑ってくれたのも、私のような手のかかる生徒がいることを、ちっとも迷惑に思っていないようだと思えてうれしかった。

やっと休み時間に参加できる余裕ができ、教室の外へ出ると、エーヴァが待っていてくれた。

「どうだった？」エーヴァがきいた。

「ぜんぜんわかんない」私は苦笑いした。


エーヴァと一緒に教室の前に立っていると、女の子が四人近づいてきた。四人とも私よりずっと背が高くてたじろいでしまったが、よく見るとみんなやさしい微笑みを浮かべていた。

「ヘイ！　私、セシリアっていうの。私たちみんな同じクラスよ。よろしくね」その中でも一番大きい女の子が、明るい声で話しかけてきた。

「私はヴァルプ」「サンニ」「ハンナレーナよ」

残りの三人も次々に名前を口にしたが、一度には覚えられそうもなかった。

「日本から来たって言ってたよね。どうしてフィンランドに来ようと思ったの？」今度は、透きとおるような金髪のスラリと背の高い女の子がたずねた。

「トーベ・ヤンソンの本を読んでから、フィンランドは憧れの国だったの」と、たどたどしく答えると、四人ともとてもうれしそうな顔をしたのがわかった。

「それでひとりで来たの？　勇気があるんだね」濃い赤紫色の髪の大人っぽい子が、感心したように言った。

とても興味津々な顔をして集まってきた四人は、他にもいろいろなことを私にきいた。四人の中では一番小柄で目のきれいな子は、自分も日本へ旅行に行ったことがあると話してくれた。

「あれ、フィンランド人ってシャイなんじゃなかったっけ？」と思いながらも、私は初めて話しかけてくれたクラスメートの四人の名前と顔を一生懸命覚えようとした。一番背の高い元気な女の子はセシリアで、大人っぽい子がハンナレーナで、四人の中では小柄な子がサンニで、金髪でボーイッシュな子が……、

「ボルブ？」

「ヴァルプ。この名前、むずかしい？」ヴァルプが笑った。それまできいたこともなかったフィンランド人の名前は、正しくききとるのもむずかしかった。

その様子をとなりで見ていたエーヴァがきいた。

「私はこれから友達と外に出かけるけど、一緒に来る？　それとも、その四人と一緒にいる？」

迷ったが少し考えて、

「この四人と一緒にいる」と、答えた。すると、エーヴァはにっこりと笑って言った。

「エリカ、友達できたじゃない！」

「うん」私もうれしくなって、うなずいた。

その日のエーヴァは、私にとって救世主のようだった。エーヴァは自分の授業があるにもかか

わらず、休み時間のたびに私の様子を見にきてくれた。どういうふうに話せば私にとってわかりやすいのか、コツをつかんだらしいエーヴァは、一番の理解者になってくれていた。状況をまったく把握できていない私の代わりに、先生と話をしたり、エーヴァは一日中面倒を見てくれた。

「迷惑かけてばかりでごめんなさい」と、私が申し訳なく思って言ったときも、

「ちがうちがう。迷惑だなんて思ってないから、あやまらなくてていいんだよ」と微笑んだ。

「それにしても、私のフィンランド語は基礎以下じゃないか……」会話がなんとかできるというだけでは、高校でやっていくのには到底足りなかった。そうは言っても語学力など、一日や二日でつくものではないから、いったいどうすればいいのだろうと、私は心底途方にくれた。

再び教室で、先生の話が途切れたかと思うと、生徒たちはまたいっせいに教室の外へ出ていった。また休み時間がはじまったのかと思ったら、今度は生徒たちは先生のあとについて教室から教室へと移動をはじめた。やっと、今タルヤ先生が校舎を案内してくれているのだとわかったが、その勢いにもついていけず、集団の一番うしろで私は心細くなった。

案内が終わると、クラスメートたちはパッと散るようにして下校していった。新入生には授業がなく、今日は午前中で放課になることがわかったのは、このときになってからだった。私もすぐにでもここから出たい気がしていたが、教室に戻ろうとするタルヤ先生のところへ行った。出だしからひとりおくれてしまったこの状況を、なんとかしなければいけないと思ったのだが、先

生にただひたすら「何もわからなかった」と伝えるだけで精いっぱいだった。自分がついていけていないということと、どれほどフィンランド語ができないかということだけは、きちんと先生に知らせなくてはならなかった。

初日は、半日だけでもへとへとに疲れてしまっていた。これほど全身の神経を集中させて誰かの話をきこうとしたことは、一度だってなかっただろう。ホストファミリーとの会話にも苦労していたのに、学校はその比ではなかった。

戸惑いだらけのスタート

次の日は、朝から気分が重たかった。今日から新入生も、普通に授業がはじまることになっていた。

「きのうは午前中だけだったけど、今日は丸一日授業があるから、きのうの二倍は大変な思いをしそうだな……」

学校でこまったとき、パニックにならないようにと、この間買ったフィンランド語英語辞書と、日本から持ってきた英和・和英辞書の三冊をリュックに詰めた。分厚い三冊の辞書を背負うと、リュックが肩に食いこむように痛かったが、きのうのような大変な思いがそれで少しでも楽になるなら、重さなど気にしている場合ではなかった。

十時からの授業に間に合うように、自転車で学校に行った。他の新入生には、朝八時から午後の三時まで授業があったのだが、フィンランド語ができない私のために、校長先生が、地理や歴史などのむずかしい教科を私の時間割からはずしてくれたのだ。

「ヘイ、エリカ！」

学校に着くと、きのう体育館で会ったファルザネが話しかけてきた。きのうは自己紹介しかできなかったが、今日は授業がはじまるまでの間、ゆっくり話をすることができた。二年前にフィンランドに移ってきたという彼女は、とても上手に話していたが、フィンランド語はむずかしい言葉だと言った。ファルザネとの会話は、他の人とよりもスムーズにできたような気がしたが、フィンランド語は彼女の母国語ではないから、きっと複雑な物の言い方をしなかったのだろう。

まえの授業が終わったらしく、教室のドアが開いて生徒たちが出てきた。高校には、始業や終業を知らせるチャイムがないので、先生によって授業が終わる時間が微妙にちがうようだ。階段を下りてくる一Dのクラスメートの中に、きのう話をした四人の姿を見つけた。

「ヘイ」私があいさつすると、

「ヘイ！」と、四人とも笑顔を返してくれた。

「朝の地理の授業に出てなかったね。どうしたの？」ヴァルプが心配そうにきいた。

「私はその授業には出なくていいことになってるんだ」と、私は説明した。一Dのクラスメートについて、次の授業がある地下の音楽室へ向かった。

フィンランドで受けた最初の授業は、音楽だ。授業では、フィンランド語の歌を歌ったが、メロディーにあわせて声を出せばよかったので、言葉の問題はなかった。ただ、授業の最初に出席をとるときに、「ハイ」と答えそうになって恥ずかしくなり、ここは日本ではないのだということを、改めて自分に言いきかせなければならなかった。

確かにここは、日本ではない。私が何度となく戸惑ったのは、言葉がわからないということに加えて、フィンランドの高校の制度が、日本のそれとは想像を絶するくらいちがっているからだ。フィンランドの高校は単位制で、生徒はそれぞれ好きな教科やコースを自分で選んで取ることができた。一つの教科には、いくつものコースがあり、ほとんどの教科には必修のコースが含まれていたが、もしその教科に興味がなければ「必修のコース」だけ取ればいいし、好きな教科だったらそれ以外の「選択のコース」も選んで、もっとくわしく勉強することができる。多少制限はあるものの、原則的には生徒たちは自分の学びたいことを勉強できるというわけだ。一年が五学期に分かれていて、同じコースが年に何度も用意されていて、しかも各教科で担当の先生も何人もいるため、どの時期にどの先生のコースを取るかということまで、生徒は選ぶことができる。ただ、まだ勝手がわからない新入生は、一学期だけクラスごとにあらかじめ組まれた時間割にそって勉強し、二学期からは好きなコースを自分で選べることになっていた。

昼休みがはじまると、セシリアたち四人に誘われて学校の食堂に向かった。昼食は、学校の食堂で十一時から一時くらいまでの間なら、いつでも食べにいって良かった。セルフサービス式になっていて、好きなものを好きなだけ食べていいことになっていた。これがすべて無料だというからおどろきだ。昼食代だけではなく、授業料も国の税金でまかなわれていたので、高校に通ってかかるお金は、教科書代や文房具代くらいのものだ。高校だけではなく、大学にも授業料はないらしい。

「その代わりフィンランドでは高い税金を払わされるのよ」と、シルッカさんが話してくれたとおり、消費税も二十二パーセントもかかる。そんなわけで、唯一かかったのはホームステイ料金だったが、規則上アルバイトができない私に両親が毎月仕送りをしてくれることになった。

二つある食堂は、どちらもひどく混みあっていた。勝手がわからない私にとって、友達と一緒に行動できるのはとてもありがたかった。

「こんなふうにおまけみたいにくっついて歩いてるけど、セシリアやハンナレーナたちは迷惑だとか思ってないのかな」と、心の中で思いながらスープをすすった。

午後の授業は、数学ではじまった。高校の数学には、「専門的な」数学と「標準的な」数学の二種類があり、それぞれ「長い」数学、「短い」数学と呼ばれていた。専門的な数学の方がたくさんコースがあって、長い期間勉強しなければならないから、そう呼ばれているようだ。日本にいたときも、数学は決して得意ではなかった私は、少しでも負担を減らそうと「短い」数学を取ることにした。

短い数学の授業は、中学校のおさらいみたいなものだった。万国共通の数字が使われる計算問題は、私もなんの苦労もなく解くことができた。

「そういえば、デリヤが日本に交換留学したとき、日本の数学のレベルが高くて、むずかしくて大変だったたって言ってたっけ」

文章問題はわからなかったが、答えあわせのときに、答えを見ながら逆にどんな問題だったのかを想像してみたり、同じクラスの人にきいてみたりすることができた。ただ、あまりにも友達に頼ってしまうと彼女たちが疲れてしまうと思い、授業が終わると先生のところへ行くことにした。宿題に出た問題の番号がききとれなかったときや、授業中わからなかったことを、先生もこころよく教えてくれた。

「それにしても、留学するまえは、自分から進んでは何もできなかった私が……ずいぶん変わったな」

確かに、わからなくてこまっているときは、恥ずかしがっている場合ではなかったし、放っておけば、あとで大変なことになるのが目に見えていた。自分には留学を成功させたいという気持ちがあったから、何かをせずにはいられなかった。失敗しても誰も責められないし、すべてが自分の努力次第なんだということを今、痛いほど感じていた。

先生との会話を終えて、他の生徒より一足遅く教室を出ると、そのままひとりで英語の教室へ歩いていった。次に一Dのクラスメートが歴史の授業を受ける間、私は一Fのクラスの英語の授業に参加するように言われていた。先生がまず、Fクラスに私を紹介してくれた。

「エリカは、日本からはるばるフィンランドに、フィンランド語を勉強するために、ひとりで来たんです。本当に勇気がある!」

感心したように先生が言うと、教室に拍手があがった。「ピーッ」と指笛を鳴らした男の子もいた。クラスのちがう私を歓迎してくれているようで、ホッとした。

さすが、フィンランドでは小学生の頃から習っているとあって、高校の英語の授業はレベルが高い。テキストも、普通のイギリスの雑誌か本のように語彙が豊富でびっくりした。ここで教える外国語は、語学というより、コミュニケーションの方法の一つという感覚があり、言葉がとても生き生きとしていた。先生も授業では、文法の説明をするとき以外は英語を話したので、他のフィンランド語での授業よりは理解することができた。だがフィンランド語より英語の方がまだマシというだけで、私の英語力はここでは自慢できるものではなかったし、なにしろ思った以上に「英語をフィンランド語で勉強する」ということがむずかしかった。

会話を重視した授業で、教科書を読むときも課題を解くときも、ふたりずつペアになってやらなければならなかった。誰と一緒にやればいいのかわからず、最初はひとりぽつんと座ったままでいた。すると、サトゥという長い金髪の女の子がやってきて、

「一緒にやりましょう」と言ってくれた。教科書を手にとると、一生懸命声に出して読んでみたのだが、つかえてしまってばかりでなかなか先に進まなかった。先生がまたしゃべりだしたときも、私たちのペアはまだ半分も問題を終わらせていなかった。

「ごめんね」サトゥにとても申し訳なく思った。

「そんな、あやまらなくていいんだよ。ぜんぜん気にしないで」サトゥは笑みを浮かべ、嫌な顔一つしなかった。

クラスメートたちのオープンさや素直さには、おどろかされるものがあった。「わからないことがあったらなんでも相談してね」と言ってくれる友達がすぐに何人もできるなど、最初から予想できたことではなかった。たどたどしくフィンランド語を話す私を急《せ》かすこともなく、真剣に耳を傾けてくれる彼女たちの目は、まっすぐ私を視界に収めていて、私の心のうちでさえも見透かしてしまいそうだった。自分たちもまだ高校一年生で、わからないことや不安でいっぱいなはずなのに、私のことを気にかけてくれるような心の余裕はいったいどこから出てくるのだろう

と、ただ不思議に思っていた。

「フィンランド人はとっつきにくくてシャイだ」などと言ったのは誰だろう！　みんなの表情が本物で、裏表のない本当の自分で接してくれているのが、私にはすぐにわかった。それに比べて、いつも本音の少し手前で一歩引いてしまう私はなんなのだろう、とみじめな思いがしてならなかった。

その夜、日本の家族にEメールを送った。フィンランドらしく、ヘイというあいさつでメールをはじめた。

「ヘイ！　みんな元気？　毎日フィンランド語漬けで目がまわりそうだけど、元気にやってるよ。学校がはじまってすぐに、いっぱい友達ができたよ。最初は言葉がわからなくてつらいときもあったけど、こまったときに助けてくれる人がここにはたくさんいて、そんな人たちのおかげで毎日がとても楽しく感じられるようになったんだ。『エリカ』はフィンランドにもある名前だから、みんなすぐに覚えてくれるの。この留学は、応援してくれた父さんと母さんからの最大の贈り物だと、感謝の気持ちでいっぱいなんだ。大変なことはきりがないくらいあるけど、これからもがんばるし、がんばれそうだ。エリカ」

次の日には、日本の家族のもとからメールの返事が届いた。高い国際電話の代わりに、家族とはメールで連絡を取りあうことにしていた。

「メールありがとう。毎日とても大変だと思うけど、ふと夏の出発直前に言った言葉を思い出したよ。『もし私がこの道を選んでいなかったら、中学生のときに直面したどん底から這いあがれないままでいただろうな』とね。覚えてる？　父さんも、絵里香は大変な状況に身を置けば置くほど、本来持っているパワーを発揮できる人なんだろうと思ってるよ。絵里香という名前をつけたときに、国際的に活躍できるように……と考えたことが本当になったねぇと、母さんとしみじみ話していたんだ。絵里香が『フィンランドに来て本当によかったな』と思えることが、父さんと母さんにとって一番うれしいことだよ。父さんより」

読み終えたとき、急に日本が恋しくなったが、家族が応援してくれているということがハードな一日を乗りこえていくための、パワーの源にもなっていた。

いくつもの支え

ある日、職員室の前で、久しぶりに校長先生の姿を見つけて走っていった。入学初日以来、会っていなかった校長先生には、直接伝えたい言葉があった。

「校長先生！　私、この学校の生徒になれたことが本当にうれしい。入学を許可してくれたうえに、サポートしてくれてありがとうございました。フィンランド語はむずかしくて大変だけど、どの先生も助けてくれるし、友達もたくさんできました」

「そう、それはよかったわね」校長先生は、あたたかい笑みを浮かべた。

一年半前にこの学校を訪問したときから、私を応援し続けてくれた校長先生は、私にとってこちらでは保護者のような存在だ。いつか、私がこの学校を卒業する日が来たときには、必ず彼女に見届けてほしいと思っていた。

音楽と同様に、フィンランド語力が壁にならない体育の授業で、初めてフィンランド式野球というものをやってみることになった。日本の野球とちがうのは、キャッチャーがいなくて、ピッチャーがバッターのすぐとなりでボールを真上に投げるというところだが、ピッチャーの手がバットで打たれそうになったり、危ない目にもあったりする。

バッティングやキャッチボールの練習のあと、チームを作って試合をしてみた。なぜだかわからないが、フィンランド式はベースがあちこちに散らばっていて、どこが何塁のベースなのか、わからないのが難点だ。打っていきおいよく走りだしたのはいいが、どっちへ走ればいいのか私にはわからなかった。

「あっち、あっちー！　エリカ、あっちに走ってー！」

味方チームの子たちが、指さして教えてくれた。

「ふー、間にあった」一塁のベースに無事に着いてホッとすると、一塁の守備についていた敵チームの子が、

「次はあっちに走るんだよ」と、二塁ベースの位置を親切に教えてくれた。

「ありがとう」なんだか敵も味方もないみたいだなと、私は可笑《おか》しくなった。

学校がはじまってしばらくして、クラス写真を撮ることになった。各クラスで撮影の時間が決まっていて、たいてい授業中に抜けだして撮影に向かうことになっていたのだが、運悪く一Dの撮影の時間は、私が別のクラスで国語を勉強している時間と重なった。私がむずかしい国語の授業についていけるようにと、一Dに加えて一Eのクラスでも同じ国語のコースを受けられるように、校長先生が時間割を組んでくれていた。

写真撮影があることは知っていたが、一Dの撮影がどこであるのかも、何時からはじまるのかも私は知らないでいた。それをなぜか知っていた国語の先生が、一Dの授業のあとにクラスメートのオウティに話しかけていた。

「エリカは一Dの撮影のとき、一Eの国語の授業に出てるのよ。エリカはよくわからないだろうから、いろいろ教えてあげてくれる?」

「もちろんだよ」そう言うと、オウティは私の方を向いてにっこり笑った。

撮影の時間になると、約束どおりオウティは、一Eの国語の教室まで私を呼びに来てくれた。撮影のためにセットされたソファーを中心に生徒たちが並んだあと、タルヤ先生はうしろの列の端に並ぼうとしたが、「先生、真ん中においでよ」と生徒たちに言われて、遠慮がちな先生をみんなで囲むことになった。

カメラに向かって笑うのは苦手だが、目だけはつぶらないように、シャッターが押されるたびにしっかり開けるようにした。撮影がすんで、オウティがまた話しかけてきた。

「緊張した？」

「ちょっとだけね」写真ができあがるのが、とても待ちどおしかった。早く日本の家族にも、きちんとここで高校生になった証拠を見せたかった。


先生や友達やホストファミリーの手厚いサポートのおかげで、とても順調に学校生活がはじまったのだが、秋になると気温がぐんと下がり、何度も風邪をひいて学校を休んでしまった。四十度の熱が出たときもあったが、二日も家で休めば三日目には元気になり、また学校に行けた。私が休むと、いつも友達が心配してくれた。

「きのう姿を見かけなかったけど、風邪ひいてたの？」サンニが心配そうにきいた。

「うん、今度は熱が三十九度あったの」

「けっこう高かったんだね。もう大丈夫なの？」ハンナレーナも心配していた。

彼女たちが深い思いやりの気持ちを持って接してくれるたびに、私は不思議な気持ちになった。おっちょこちょいの私が階段でつまずいて転んだときも、あまりのドジぶりに自分でも可笑しいくらいだったが、顔をあげると本気で心配しているセシリアの顔があった。

「大丈夫？　ケガしなかった？」そう言って、セシリアは手を差しのべてくれた。

「え、平気だよ」笑われるかと思ったから、意外な反応に拍子抜けしてしまった。セシリアのあたたかい手を借りて立ちあがりながら、失敗を笑われてばかりいた中学時代を思い出し、不意に胸が熱くなった。


一Ｆクラスの英語の授業の終わりに、うしろの席に座っていたヘイニが背中をつついた。

「ねぇエリカ、日本語で自分の名前を書いてみてよ」

うしろを振りかえって、ヘイニのノートのすみに漢字で名前を書いてみた。すると、

「うわぁ、すごーい！」ヘイニがものすごく感心した様子で言った。あまりにうれしそうなので、私の方がびっくりしてしまった。ヘイニの声をきいて、周りの人も集まってきた。

「へぇー、すごくむずかしそうな文字だね」

「エリカ、私の名前も書いてみてよ」

「私のも！」

あっという間に机の前に行列ができた。さすがに漢字ではみんなの名前を書けないので、カタカナで書いた。日本語ができるというのは、日本ではあたりまえのことだが、ここではまるで得意技のようなのだ。

みんなが日本語に興味を持ったのには、わけがあった。実は、フィンランドで日本語の文字が流行《はや》っていたのだ。そういえば街角でも、「家族」や「シャツでキメる」などと大きく書いてあるTシャツを着ている人をよく目にしたものだ。ある人気ブランドが「猪」という文字をプリントしたトレーナーを売りだしたときは、高校でも何人もの男の子が猪トレーナーを意味も知らずに着ていた。

「日本語の文字ってかっこいいよね。あのトレーナー、私も持ってるのよ」サンニが授業の合間に話してくれた。

「あれ、『いのしし』って書いてあるんだよ」と、私が言うと、

「えーっ、いのししぃー!?　本当!?」サンニが笑いながら目を丸くした。

「あー、なんて可笑しいんだろう！」となりできいていたハンナレーナやヴァルプも、お腹を抱えて笑っていた。

休み時間は、そんなふうに友達とたわいもない話をして過ごしたが、一日で最も楽しい時間が、五分か十分の短い休み時間に限られているのが残念だった。一時間ほどある昼休みはゆっくり過ごすことができたが、たくさんの友達と一度に一緒にいることはできなかったので、何人かの友達とはメールをやり取りするようになった。頻繁にメールを交換していたティーナとは、学校では一緒にいる機会が少なかったが、毎日会わなくても、メールを通してお互いをよく知りあうことができた。

「私のフィンランド語は下手で、読みにくくてごめんね」と書くと、

「エリカは、フィンランドへ来てからまだ少ししか経ってないのに、とてもフィンランド語うまいよ。もっと自信持って！」ティーナは励ましてくれた。

友達からのメールを読んだり、返事を書いたりすることが、フィンランド語のとても良い勉強になっていた。友達のメールはきちんと内容を理解したいという気持ちがあったので、同じフィンランド語でも、教科書よりずっと楽しんで読むことができた。会話をしているときとちがって、メールだと相手が言ってることをそのつど辞書で調べることができたのもよかった。こうしてメール交換は、友達との仲を育むのにも、フィンランド語を上達させるのにも大切な役割を果たしてくれた。

読書感想発表会

十月に入り、二ヵ月ほどしかない一学期が早くも終わりに差しかかっていた。今学期は、学校生活に慣れようとするだけで精いっぱいだったので、なおさら早く感じた。

そんななかでも、フィンランド語漬けの生活を続けている効果が出てきていて、数学の文章問題を、辞書を使わずに解けるようになってきた。少しずつフィンランド語に慣れてくると、体育や音楽ではもちろん、数学や英語でも、以前ほど苦労することは少なくなったが、国語ではまたどうしようもないほどのフィンランド語力のなさを思い知らされていた。フィンランド語を母国語としている人の国語では、留学生の私との差が出てしまうのも無理はなかった。

リュセオンプイスト高校には、他に日本人こそいなかったが、外国人の生徒は他にも何人かいた。その生徒たちのために特別のフィンランド語のコースがほとんど毎学期あり、そこでは「国語」の授業とはちがって、文法や単語に集中したフィンランド語の勉強をすることができた。フィンランド語が母国語ではない生徒は、高校の卒業試験でもフィンランド人の国語とはちがう試験を受けるので、何年もフィンランドに住んでいる生徒も、その試験の練習もかねて、「外国人生徒のためのフィンランド語」のコースに参加していた。しかし、それに加えて、国語のコースも必修として取らなければならなかった。

私にとって、一つの壁とも言える国語という教科に希望を与えてくれたのは、一Dと一Eの国語を担当していたトゥーラ先生だ。先生の授業は、いつも笑いの絶えない和気あいあいとした雰囲気があり、高校の国語の先生たちの中でも生徒たちの間では一番の人気者のようだ。授業は教科書をあまり使わずに、グループを作って先生が与えるテーマについて話しあう、という形がよくとられた。最初のうちは、なんのテーマについて話しあっているのかさえわからないでいた私も、グループの友達の説明のおかげで、だんだん話しあいにも参加できるようになった。ある授業では、こんなテーマが出された。

「『白』という言葉が与えるイメージは何色？」

「はぁ？　そんなの白に決まっているじゃない」とは誰も言わなくて、みんなで真剣な顔をして考えたあと、「桃色」「うすい茶色」などという意見が出された。白という言葉を白という色に決めつけずに、その言葉をきいたときの感覚をひたすら思い浮かべているのだ。それは、とても豊かな想像力を必要とする問題だ。想像力をかき立てるために、数分間目を閉じて考えてみることもあった。そんな問題におどろきもせず考えをまとめる同級生たちを見て、なんだか彼らが受けてきたフィンランドの教育は、日本のものとは根本的なところがまったくちがっているのではないかと思うようになった。

私の言いたいことや気持ちを不思議なくらいわかってくれる友達や、私に親切にしてくれる友達も、みんな大変な想像力の持ち主にちがいない。ひとりで外国へ行ったら、どんなことでこまるだろうとか、どんなことがうれしいだろうということを私の立場で考えて、全部理解してくれているようにさえ思えた。

一コースの最後の課題として、国語では読書感想発表をすることになった。生徒がそれぞれ好きな本を一冊読んで、ひとりずつ教室の前で自分の読んだ本をクラスメートに勧めるというような形で行われた。本はフィンランド語なら、国内の作家だろうが海外の作家の作品だろうが、本のジャンルもまったく自由に選ぶことができた。それなので、SF系の本を選んだ人もいれば、ノンフィクションの自伝を読む人もいたし、絵本を選んだ人もいて、生徒の選択した本は本当に様々なものだった。

発表の時間は、ひとり五分から二十分までとおおざっぱに決められていた。丸一冊の本をフィンランド語で読むのは私には大仕事だったが、一度日本語で読んだことがあるトーベ・ヤンソンの本を選べばなんとかなるかもしれないと、私も発表に参加することにした。

教科によっては、私の語学力を考慮して、むずかしい問題はエリカはやらなくてもいいよと言ってくれる先生もいた。実際、フィンランドへ来て間もない私には無理難題も多く、それを理由におどろくほどの配慮を受けることができたが、どこまでそれに甘えてもいいのか判断のむずかしいところでもあった。「やらなくてもいい」と言われればそのときは楽だが、いつまで経ってもその課題の解き方を覚えられないのも事実だ。短期の交換留学生ならともかく、高校を卒業する目的を持っている私は、卒業試験ではこのような配慮があるわけではないので、どこかで踏んぎりをつけなくてはならない。

先生によっては、むずかしい問題を理解できるまで説明してくれたり、私のために問題の意図は変えずに少し単純にしたものを解かせてくれる人もいた。そのやり方だと、少しずつむずかしい問題を理解できるようになり、より早く他の生徒と同じラインに立てるようになれた。どれほどのスピードで、他のフィンランド人の生徒に追いつけるようになるのか。それは、自分自身のやる気にかかっていた。

できるだけ準備をする時間があるようにと、トゥーラ先生は私の読書感想発表の順番を一番最後にしてくれた。紹介する一冊には、フィンランドに興味を持つきっかけにもなったムーミンの本の中から『ムーミンパパの思い出』を選んだ。子ども向けの本とは言っても、読むのには一苦労した。辞書を片手にほとんどすべての単語を調べながら、二週間以上もかけてやっとのことで読みおえた。ストーリーをあらかじめ知っていたことは、発表の準備の助けになった。発表する内容を、家でシルッカさんに手伝ってもらいながら紙にまとめ、先生に言われたように、OHPシートには本の題名や著者名、主人公たちの名前を書いた。シートにはスペースがだいぶ空いていたので、本の挿絵からムーミンパパやその仲間たちのイラストも描きこんでみた。これで準備はととのった。

　日本語でスピーチをしてもあがってしまうのに、今日はフィンランド語でフィンランド人の生徒や先生、三十五人を前に発表しなければならなかった。思いのほか、早く私の番が来てしまい、恐る恐る黒板の前に立つと、みんなの真剣な目が私に集中した。緊張のあまり、声がひどく弱々しくなった。これでは、うしろの方の人には発表がきこえないかもしれない……。おおまかなあらすじと、自分の好きなシーンを説明したあとで、「この本は私にとって、フィンランドへ来たいと思ったきっかけを作った大切な本です」と言って、三分ほどの短い発表を終えた。

　すると同時に、今まで受けたどれよりも大きくてあたたかい拍手が、緊張でかたくなっていた私の身を包んだ。にこにこしながら拍手をしているクラスメートたちの顔も、ようやくまともに見ることができた。

「うまくいったじゃない！」となりに座っていたティーナが笑顔で言った。

「とても良かったよ！」うしろの席のヴェーラも、私の肩をたたいて言った。

　そのあと、私の発表について三人の生徒が手をあげて感想を言った。三人とも、私の発表をとても良く評価してくれた。声が小さくてききづらいうえに、上手とは言えない私のたどたどしいフィンランド語の話をみんなが真剣にきいてくれたのが、本当にうれしかった。

「発表も良かったけど、ＯＨＰのムーミンのイラストも上手ねぇ」と先生が言うと、

「私、その絵ほしい！」と誰かが言った。

「私も！」

「私も！」

びっくりしたことに何人もの人が手をあげた。

「わかりました。それじゃ、エリカが許可してくれたら、明日の授業までに私がコピーして、希望した人に配ります。エリカ、コピーしてみんなに配ってもいい？」

「も、もちろん」

そうして、クラスのほぼ全員に、私の描いたムーミンのイラストが配られることになった。

「こんなことだったら、もうちょっとていねいに描けばよかったたな」とちょっぴり恥ずかしく思った。

丸暗記が効かない試験

それから間もなくして、初めての試験期間がはじまった。毎回コースの総まとめとして学期末に行われる試験は、年に五回ある。美術や体育など学期末試験のない教科もあったが、一学期に

は、数学、英語、国語に試験があった。試験は一日に一科目ずつあり、一つの試験に時間をかけて準備をすることができた。そのため、試験期間も一週間以上と長かった。

試験の内容が日本のそれとかなりちがっていることには、とてもおどろかされた。フィンランドの試験では、問題がたいてい一行の文で書かれていて、それに関して授業で習ったことだけではなく、自分が持っている知識をすべて使った答えを、四角い枠線の入った白い答案用紙に書けるだけの文章を書いて表現しなければならない。歴史なども、年号や事象の名前を覚えているだけでは十分ではなくて、出来事がどういう意味を持つものだったのか、なぜそういうことが起こったのかなど、くわしく掘りさげて答えなくてはならないのだ。数学や物理などの教科は例外だったが、英語でも文法やイディオムの穴埋め問題の他に、二百単語程度の作文を書かなければならなかった。

例えば、国語の試験でフィンランドの有名な作家の名前が問題用紙に書いてあるとすると、生徒はその作家について授業で学んだこと、以前から自分が知っていることをすべて答案用紙に書かなくてはならない。解答の量に制限はなくて、一つの問題の解答は、何行かで短くまとめても、紙何枚分になってもいいのだ。

このように一つの問題について広く、しかもいろいろな観点で考えた答えを書かなければならないので、テストの直前に試験範囲の内容を暗記しようとしても、あまり効果がなかった。だから、日ごろから真剣に授業を受けたり、試験勉強を早くはじめる必要がある。決められた知識を丸暗記する方法では、試験が終われば忘れてしまいがちだが、このやり方だと、物事を深く理解していないとならないので、時間が経っても知識として頭に残っていることが多い。

しかし、答案用紙に問題に関することなら何を書いてもいいと言われると、かえって何を書いたらいいのかわからず、こまってしまった。知っていることをただずらずらと並べていけばいいのか、それとも作文のようにストーリー性のある書き方をした方がいいのか。どちらにしろ、まだ文章になるほど知識もフィンランド語力もなかったので、何行か書くのが精いっぱいだった。

言葉のハンデがある私は、試験中も問題の意味がわからないことを特別に先生にきくことができた。国語の先生は一生懸命問題を説明してくれたが、それ以上きくと答えまで言ってしまいそうな様子だったので、ある程度でわかったと言うしかなかった。九時に試験がはじまってから、机の上の白紙の答案用紙と二時間ほどにらめっこしたあと、一ポイントくらいは稼がなければと、問題に出された新聞記事の文から、大事だと思うことを試験用紙にも書いてみた。それ以上のことは浮かばなかったが、全然できないのに、さっさと教室をあとにする気持ちにはなれなかった。答案用紙に答えを書き終わった生徒たちが教室を出てもいい時間になっても、私は教室に残り、試験時間が終わる十二時より少しまえに白紙に近い答案用紙を先生に渡した。

「ありがとう」先生は私ににっこり笑ったが、なんだか期待を裏切ってしまったようで、とても申し訳ない気持ちになってしまった。

だが、先生は最初から私に完璧な答えを期待していたわけではなかった。テスト期間が終わり、私の国語の試験は0点と採点されて返ってきたが、先生は念を押すようにして言った。

「試験の結果だけが評価されて、成績が出るんじゃないからね。エリカはとてもすばらしい読書感想発表をしたんだから、試験の結果だけ見て気を落とさないでね」

その数日後、担任の先生から一学期の通知表が渡された。成績は4から10までという、半端な数字で表された。4が不合格で、5以上が単位をもらえて、10が最高だ。心配だった国語の欄を見てみると……5と書いてある。

「え、5？　試験は0点だったのに？」

試験ではほとんど何も書けなかったにもかかわらず、先生は私がそのときのベストを尽くしたということを、読書感想発表や授業態度とあわせて評価してくれたのだ。

テストの返却があった最後の国語の授業のあと、お礼が言いたくて先生のところに行った。

「あなたがとてもすてきな先生だったので、国語の授業が好きでした」

すると先生は微笑んで、

「あなたも、すてきな生徒だったわよ」と、私の肩をたたいた。言葉のために、足手まといになっているのを自覚していた私には、やさしすぎるくらいの言葉だった。

二学期

難関だった初めての期末試験も無事にとおりぬけ、二学期がはじまった。二学期からは一年生も、それぞれ自分で好きなコースを選んで時間割を立てることになっていたので、一Dのクラスメートがそろって顔をあわせるのは、週に一度のホームルームのときだけになった。まだ学校の制度についてよく理解できていなかった私は、個人指導のアヌ先生に、時間割を立てるのを手伝ってもらうことにした。アヌ先生の勧めで、二学期も比較的言葉の壁がなさそうな教科を選んだ結果、美術や化学が新しく加わることになった。

私の選択した美術のコースは、必修ではなかったため、様々な学年の人が参加していた。ちょうどロヴァニエミの大学から教育実習生が来ていて、彼らが授業をすることになった。実習生とは思えないような巧みで堂々とした教えぶりで授業を進めるふたりは、作業をはじめるまえにはいつも私のところへ来て、クラスの全員に話したことを理解できているか気づかってくれた。実際、理解できなかったことがほとんどで、そんな私に彼らは代わるがわる熱心に説明した。

国語の授業で色を言葉でイメージするときや、試験の方法を知ったときにも思ったことだが、最初は美術の授業が、抽象的であまりにも制限がないことに戸惑った。

「鉛筆で黒と白の世界を表現してちょうだい」教育実習生のマリアが、私のそばへ来た。

「何を描けばいいの？」ときくと、

「なんでも好きなものを描けばいい」と彼女は答えた。

なんでもいいと言われても、何を描けばいいのかわからなかった。美術では、絵を描く技術より先に、想像力が必要とされていた。私は少し考えて、自分の好きな音楽のイメージを頭に思い浮かべた。真っ暗な闇の中、きこえてくる鼓動——。それを表現してみようと思った。それは、今まで受けたことのないような美術の授業だった。

想像する段階で時間がかかり、最後は時間切れになってしまったが、一応描きあげると、みんなで自分の作品を持ちよってお互い評価しあった。風景や美術室にあった小物を描いた人もいれば、私のように抽象的な想像の世界を絵にした人もいて、実に人それぞれだ。どの作品が良くて、どれが悪いとかではなく、それぞれが描いた絵は、全部完成された芸術として扱われた。どの作品も、それぞれ他にはない特徴を持っていると、先生たちは言った。

「何かとてつもない力強さを感じるね」私の絵を見て、もうひとりの実習生のニコが言った。

生徒同士の間でも感想が出され、自分が知らなかった作品の良さに気づかされた。ここをもっとこうした方がいいというような感想は、誰の作品にも出されなかった。どんな小さな影も、制作者がこだわりを持って描きあげたものだとして、見る側もそれを尊重していた。

「芸術家っていうのはただ自分ですばらしい絵を描くだけじゃなくて、他の人の作品を本当によく見て、芸術を解する心を持っているんだなぁ」クラスの人や先生を見て思った。

生徒一人一人の創造力を大切にする美術の授業は、本当に興味深いもので、そのうち私も好き勝手に想像にまかせて、いろいろなものを創りだすことができるようになった。

「こんなふうに、フィンランド人の想像力は養われているのかなぁ」と思いながら、意の向くままに筆を走らせた。


日照時間がだいぶ短くなり、十一月にはロヴァニエミに雪が降るようになった。その頃、私はポリスステーションに赴き、滞在許可の延長の申請をすませておいた。その結果、最初の許可が「試しに半年間」だったのが、今度は「一年間」になったのだ。ここにいたいという私の意欲が伝わったのかどうかはわからないが、とりあえずこれから一年間は、確かにフィンランドにいることができる。その先は、一年に一度の延長の申請をすればいい、とホッと胸をなでおろした。

子どもクラブ

ある日の放課後、ヘイニに呼びとめられた。

「ヘイ、エリカ！　今度私たちの集まりに、日本のことを話しにきてほしいんだ」

「集まり？」

「そう。子どもたちがたくさん来て、ゲームをしたりいろんなことをするの」

なんの集まりなのかよくわからなかったが、友達のヘイニの頼みだったので、とりあえずＯＫすることにした。

次の週の火曜日、学校が終わったあと、ヘイニと一緒にその集まりがあるという場所へ向かった。メンバーが集まる部屋で、白い棚の上に飾ってある大きな十字架がよく目立っていた。

夕方六時になると、部屋のドアの辺りが騒がしくなった。

「入っていいよ」ヘイニが声をかけると、小学生の女の子たちがわぁっと飛びこんできた。

「子どもってこんなに小さい子だったのかぁ」

「小学校三年生から五年生までいるよ」ヘイニは慣れた様子で、子どもたちの相手をしていた。

見たこともない外国人の私がいるのにびっくりしたのか、子どもたちは大きな目をさらに丸くして、私のことを不思議そうに見つめていた。

「みんな、こっちに集まって座ってー。今日は五十六番目の歌をうたいましょう」ヘイニはさっきの十字架の周りに子どもたちを呼びよせると、使い古した本を開いて一緒に歌をうたいはじめた。「父よ、世界中の人々をお守りください」という歌詞から、やっと私にもこれがクリスチャンの子どものためのクラブだということがわかった。キリスト教国のフィンランドでは、ごく一般的な集まりだ。

歌いおわると、ヘイニがおだやかな声で子どもたちに語りかけた。

「世界にはたくさんの国があって、いろんな人が生きています。フィンランドはそのうちの一つの小さな国にしかすぎません。世界の人々は、フィンランドとはちがう文化を持っていたり、ちがう言葉を話しますが、それらのちがいを超えて私たちはお互い友達になることができます。今日は遠い日本からお客さんが来ています。みんな日本について何か知ってる？」

ヘイニがたずねると、

「はい、はい、はーい！」と、女の子たちはいっせいに手をあげてしゃべりはじめた。

「えーとね、うちのお父さんの親戚の友達が日本に行ったことがあるんだって」

「日本にはねぇ、いろんなアニメがあるんだよー！」

「あー、知ってる、知ってるー！」

みんなとてもエネルギッシュだ。

「では、これからエリカが日本についていろいろ話してくれます。エリカ、どうぞ」

何から話したらいいものか迷ったが、普通に自己紹介からはじめることにした。

「エリカ・タカハシです。日本から来ました。フィンランドには今年の夏から住んでいます」

日本語の文字は高校生にも好評だったように、きっと小学生にとってもめずらしいだろうと思い、部屋にあった黒板に自分の名前を漢字で書いてみた。

「私の名前は、日本語ではこういうふうに書くの」

子どもたちの方を見ると、みんな口を開けたまま真剣に私の話をきいている。話ばかりでは退屈してしまうかなと思い、持ってきた雑誌や写真をまわし読みさせながら話を進めていった。

「日本についてききたいことがあったら、いつでも質問してね」と言うと、すぐに手があがった。さすが、小学生は反応が早い。

「日本でおいしい食べ物はなぁに?」

「食べ物かぁ……」

大好物はお好み焼きだったが、どんなものか説明するのがむずかしそうだったので、おにぎりと答えることにした。

「おにぎりはお母さんのお手製のがおいしいんだよ。こういう三角のご飯のボールに、四角い海《の》苔《り》が巻いてあって……」黒板に絵を描きながら説明した。海苔という単語がわからなかったが、そこはヘイニがフォローしてくれた。

そのあとは全員でテーブルをかこみ、ヘイニのリクエストに応えて、みんなで折り紙をすることにした。何を折ろうかと考えたあと、折り鶴に決めると、子どもたちみんなに見えるように、立ちあがって折ることにした。言葉で折り方を説明するのはむずかしくて、「こうやって折って、次にこうやって……」というような言い方しかできなかったが、ヘイニがまたわかりやすく子どもたちに説明してくれた。

折り紙というものを今まで一度もやったことがなかった子どもたちは、まっすぐ線にそって折ったりする動作ができずに、なかなか苦労していた。一つ折るたびに、いったん止めて、できない子を手伝った。上手にできている子もいて、そういう子はわからない子に自信満々に教えてあげていた。こういうときにわからなくてとり残されると、とても悲しいということは私にも覚えがあったので、みんなができているのを確認しながら、先に進めていった。

「エリカ、こっちきて、おしえてー！」

最初は恥ずかしがっていた子たちも、だんだん私に声をかけてくれるようになった。苦労しながらもやっと折り鶴が完成すると、みんなとびきりの笑顔を見せた。

「できたー！」

「みんな、上手！」無邪気な笑顔につられて、私も笑った。

クラブの終わりの時間になると、みんなで手をつないで輪になり、さよならのあいさつをした。そのあと、子どもたちは生まれて初めて作った自分の鶴を大事そうに両手で持つと、部屋を元気良く出ていった。

「さよなら、ヘイニ、エリカ！」

「バイバイ！」私も手を振った。

「今日は呼んでくれてありがとう。私にはまったく新しい体験だった」私はお礼を言った。

「お礼を言いたいのは、私の方よ。子どもたち、本当に興味津々で楽しそうだった」

ヘイニと話していると、さっき部屋を出て行ったひとりの女の子が戻ってきた。私を見ると、その子は顔中に笑みを浮かべて、こう言った。

「エリカ！　日本ってすてきな国だね！」

クリスマスの魔法

太陽が数時間しかのぼらなくなり、一日のほとんどが真っ暗になっても、雪が積もれば景色が変わった。枯れた草や木の葉が地面を覆う灰色の町が、一夜にして無垢《むく》な純白の世界に生まれ変わる。クリスマスは、そんな夢のような季節にぴったりだった。

サンタクロースの町で知られているロヴァニエミは、まさにクリスマスの本場だ。十一月には、町中がクリスマスのオーナメントで飾りつけられ、クリスマスのオープニングセレモニーが開かれる。スーパーの駐車場や家々の庭など、いたるところにクリスマスツリーも見られ、店頭にもクリスマスのキャンドルやチョコレート、プレゼント用の品々が並び、町全体がクリスマスのムードに包まれる。ロヴァニエミのイルミネーションは、日本のものほど派手ではなく、暗闇にポッと灯《あか》りを灯《とも》すようなあたたかい感じのものが多いのが印象的だ。

学校にも三メートルほどもある本物のモミの木が運ばれ、ろうそくの形をした電球やオーナメントが飾られて、立派なクリスマスツリーに変身していった。教室のドアにも赤い紙でできた小びとが貼られ、校内はクリスマスの雰囲気でいっぱいになった。保育園ならともかく、高校にもしっかり飾りつけをするところを見ると、クリスマスはフィンランドでは、かなり大切な行事なのだろう。

ある日の昼休み、三年生の友達のアイノに呼びとめられた。

「エリカ、探したよ。学年がちがうとなかなか会わないものだね。渡したいものがあるんだ」アイノはリュックを探ると、白い封筒を差しだした。

「なんだろう。今開けてもいい？」アイノがうなずいたので、封筒をそっと開けてみた。中には表面がボコボコしていて、数字の書いてあるムーミンのカードが入っていた。

「これ、なんだかわかる？」アイノが楽しそうにきいた。私が首を振ると、「これは、クリスマスカレンダーっていうんだよ。数字の書いてあるところが扉になってて、開くと中にムーミンのイラストが描いてあるんだ。数字が一から二十四まで書いてあるでしょう？　十二月に入ったら一日一つ扉を開けるの。二十四日のクリスマスイブには、この一番大きい扉を開けるんだよ」

一日一つずつ、小さな扉を開けて「クリスマスまであと何日」と数えながら、クリスマスを心待ちにしているんだ……。そう思うと、なんだかとてもほのぼのとした気持ちになった。

「わぁ、すてきだね。ありがとう！」それは、フィンランドでもらった最初のクリスマスプレゼントだった。

友達の間でも、クリスマスの話は絶えなかった。小さな子どもから大人まで、みんながクリスマスを楽しみにしているのだ。

「あぁ、とうとう十二月よ！　私は夏休みからずっと、クリスマスまであと何日ってカウントダウンしてきたんだから！」雪とクリスマスがこの世で一番好き、というセシリアは、始終とても幸せそうだ。

「セシリアは昔から、クリスマスに関してはクレイジーだったよね」ヴァルプが半分あきれた顔をして笑った。

「そうそう私、エリカに何をプレゼントするか、もう決めたんだ。何をもらうことになるか、楽しみにしていてね」いたずらっぽくハンナレーナが言った。

「えっ、私にもプレゼントがあるの？」すると、サンニが続けて、

「もちろんだよ。私はまだ決めてないなぁ。よく考えておかなくちゃ」と言った。

友達へのプレゼントは、カードくらいしか考えていなかった私も、あわててクリスマスの買い物に出かけることにした。

「ウリニヴァ家の人にもいつもお世話になってるから、何か用意しなくちゃ。それからライヤさんにも……」プレゼントを選ぶのは楽しい半面、何が気に入ってもらえるかわからないときは、けっこうな悩みの種になった。


日本のクリスマスとの一番大きなちがいは、フィンランドではクリスマスが家族のお祭りだということだ。普段遠くの町に住んでいる兄弟たちもクリスマスには里帰りし、家族全員が集まって家で一緒に過ごす。親戚や友人たちにはクリスマスカードを送ることになっていて、そういう意味では、日本のお正月に近いのだろう。

「クリスマスには、ヘルシンキに住んでる姉さんがうちに帰ってくるんだ」セシリアがうれしそうに話していた。

数あるフィンランドのクリスマスのオーナメントの中で、とりわけ好きなものがあった。クリスマスの時期になると、家々の窓に並ぶキャンドル立てだ。七本のキャンドルが山形に一列に並んでいて、電気で点《とも》すという安全なものだ。ツリーと並んで、クリスマスの代表的な飾りと言えるキャンドル立ては、ほとんどすべてのアパートの窓に置かれていたし、図書館や役所、警察署などの公共施設の窓という窓にも飾られていて、誰もがクリスマスを楽しむ心を持っているのだということが、しみじみと感じられた。冬の真っ暗な帰り道で、ふと家々の窓のキャンドルの灯《あか》りを見ると、心にもポッと灯りが灯されたようなあたたかい気持ちになった。

ラップランドでは一番南にあるロヴァニエミにも、クリスマスイブが間近にせまった冬至の頃には、カーモスと呼ばれるお日様がのぼらない日がある。カーモスが過ぎると、次第に日が長くなっていくはずだが、冬の間日がのぼる貴重な数時間は、私たちは学校の中にいて気づかない。朝学校へ歩いて行くときも、学校から帰るときも、真夜中のように真っ暗なので、闇の生き物にでもなったような気分だ。

クリスマスの時期は、気温の下がることが多く、マイナス三十度以下になることもよくある。

日がのぼらないので日中も気温が上がらず、北海道育ちの私でも、これほど冷えると耐えがたいものがある。そうした日に外出するときは、防寒用のスキーウエアを上下着なければならず、マイナス二十五度程度でも、厚いコートにマフラー、毛糸の帽子、手袋は二重にして体をすっぽり覆わなければ、かんたんに凍傷になりそうだ。けれども私は、登下校中に、とびきり冷たいピリっと張り詰めた空気を吸ったり、深く雪に埋もれた白い風景をながめるのが好きだった。ラップランドの冬には、日がのぼりかけるときに、「青の時」(Sininen hetki) と呼ばれる現象がある。風景のすべてが真っ青に見えるのだ。大好きなその青い光の中に身を浸しているうちに、私はふるさとの北海道にいた頃のように自然にかえり、原点へ戻る空間を得ることができる。視界いっぱいに広がる青さを見ると、フィンランドカラーに青ほどふさわしい色はないなと思えた。

一足早く、日本の家族のもとからクリスマスのプレゼントが入った小包が届いた。プレゼントの毛糸のマフラーや手袋と一緒に、母からの手紙が入っていた。

「本場のクリスマスがどんな様子かぜひ教えてね。マイナス三十度より下がるなんてなかなか想像できないけど、あったかい格好をして風邪をひかないように気をつけるんだよ」

やがて二学期が終わり、クリスマス休暇の前日を迎えた。日本の冬休みのことなのだが、フィンランド最大のイベントであるクリスマスをはさんだ休みなのでそう呼ばれていた。

休みの前の日には、二学期の通知表が返された。

「音楽が10だ！」成績表を見て、私は飛びあがった。授業で、積極的にドラムを演奏したのが評価されたのかもしれない。二学期は他にも、美術や体育などで満足できる数字が並んだ。新しく取った化学もまあまあの6だった。

この日の授業は午前中で終わり、午後からは全校生徒が集まりクリスマスのイベントが開かれた。集会ではまず近くの保育園から子どもたちがやってきて、歌やお芝居を見せてくれた。小さな子たちががんばっている様子はとても微笑ましく、学校は笑顔に包まれ、発表の終わりには大きな拍手と歓声があがった。

迫力にノックアウトされてしまった出し物と言えば、高校の先生たちによるダンスショーだ。赤い服や帽子をまとって小びとに仮装した先生たちが、とても小びととは思えない豪快なダンスを披露した。それにまじって、サンタクロースの仮装をした男の先生もいた。仮装のため誰だかわからないのをいいことに、むちゃくちゃに羽目をはずして踊っていた。これには生徒たちもあっけにとられ、校内が笑いの渦になった。

「なんてオープンな先生たちだろう！」お腹が痛くなるほど笑って、涙が出てきそうになったが、それは私だけではないようだ。

その日は、教室や廊下で友達に会うたびに、プレゼントやカードを交換した。

「メリークリスマス！」

「クリスマスイブまで、ぜったい開けちゃダメだよ」ヴァルプが念を押した。

自分の用意したプレゼントを渡しながら、

「お金がなくて、あんまりいいものを買えなかった」と言うと、

「買わなくてもよかったのに。大切なのは気持ちなんだよ」ティーナが言った。

プレゼントを持ってくるために使った紙袋は、今度は自分へのプレゼントやカードでいっぱいになり、破れそうになった。

「こんなにいっぱいプレゼントもらったことない……本当にこれ全部、私の？」目を丸くしている私の様子を見て、ヴァルプが笑った。

「今年、エリカがいい子にしてたから、こんなにプレゼントもらえたんだよ」

次に会うのは、年が明けてからになるので、下校するまえに友達と抱きあって別れた。

「楽しい休みを過ごしてね！」という声が、先生や生徒たちの間でやむことなく交わされた。

不思議なことに、休みに入ってクリスマスイブの日が近づいても、あまり実感がわかなかった。どうしてなのかいろいろ考えてみたが、どうやら原因はクリスマスソングにあるようだ。日本でおなじみのクリスマスソングをここではほとんど耳にせず、代わりにここには、フィンラン

ドのクリスマスソングがあった。クリスマスはもともとキリスト教のお祭りなので、フィンランドのクリスマスソングのほとんどは、教会でも歌われるような静かで美しい聖歌だ。フィンランドのクリスマスイブも、とてもおごそかで平和なもので、お酒を飲んだりしてわいわい賑やかな「小さなクリスマス」と呼ばれるクリスマスパーティーは、一ヵ月前にすませておくのだ。おそらく私も、フィンランドで何度もクリスマスを体験しているうちに、この国ならではのクリスマスを実感できるようになるのだろう。そんなことを思いながら、フィンランドでの最初のクリスマスイブを迎えた。

ウリニヴァ家でも、金色のリボンで結ばれたシナモンスティックや、手作りのジンジャークッキーで飾られた大きなモミの木のツリーがリビングルームを陣取っていた。

「クリスマスプレゼントはツリーの下に置くのよ」とシルッカさんに言われて、ウリニヴァ家の人たちへのプレゼントを置きにいくと、ツリーの下はすでにたくさんのプレゼントが山積みになっていて場所が足りないくらいだった。ふと、その山の中の包みの一つに「エリカへ」の文字を見つけて、夜がとても待ち遠しくなった。

イブの食卓には、クリスマスカラーにちなんで赤や緑の紙ナプキンが添えられ、フィンランドの伝統的なクリスマスのごちそうがずらりと並んでいた。真ん中に置かれた豚の丸焼きが、クリスマスディナーのメインだ。他にも、ほかほかのポテトやニンジンのグラタン、色あざやかな赤カブの入った野菜のサラダ（ロソッリ）などがテーブルに華を添えていた。クリスマスにしか食べられない豚の丸焼きやニンジンのグラタンは、お腹がいっぱいになってもついつい手がのびてしまうようなおいしさだった。

食事を終えると、プレゼントを開けにリビングルームに集まった。

「わぁ……」プレゼントを開けた瞬間の笑顔やうれしそうな笑い声で、部屋はいっぱいになった。シルッカさんとペッカさんからのプレゼントは、あたたかそうなパジャマだ。リーサとエーヴァからもらったお香からは、ゆったりした気分になる香りがした。私からのプレゼントもみんなとても喜んでくれたが、「ありがとう」という言葉と笑顔が、私には何にも増して最高のプレゼントだった。

ふと窓の外を見ると、外の温度計がマイナス三十度をさしていたが、家の中は家族の笑顔がこぼれ、あたたかい光に満ちていた。

その夜、ベッドに寝転びながら考えた。

「クリスマスの夜には、みんなが幸せになれるんだ。きっとそれが、クリスマスの魔法なんだ」

ちがっていることの豊かさ

年が明けて間もない冬の日、シルッカさんのスリランカ人の友人がウリニヴァ家を訪ねてきた。フィンランドへ移ってきた、難民を援助しているシルッカさんには、様々な国の出身の友人がいた。

「エリカ、お客さんが来たわよ。紹介するから、降りておいで」

自分の部屋で宿題をしていた私は、シルッカさんの声をきいて階段を降りていった。玄関には、肌の黒い男の人と女の人が立っていた。

「ヘイ」やわらかい声で、男の人が私にあいさつした。

「ヘイ……」私も返事をしたものの、目がおよいでしまった。

シルッカさんは、ふたりをキッチンのテーブルへ案内した。ペッカさんとエーヴァも集まってきたので、私もテーブルについた。シルッカさんとエーヴァが紅茶やお菓子を用意している間、ペッカさんがお客のふたりにフィンランド語で話しかけていた。男の人は、フィンランド語で少したどたどしくも、さっきと同じやわらかな口調で話をしていた。女の人の方は、黙ってにこにこと微笑んでいた。彼女は、無口というよりはフィンランド語がわからないようだ。

ペッカさんたちのやり取りをききながら、私はふたりをめずらしいものでも見るかのようにじろじろ見ていた。

「あ、でもこれって……」やっと自分のしていることに気がついて我に返った。「これじゃあ私は、道ばたでしつこく私をじろじろ見てきた人と、同じじゃないか……！」


町を歩いているとき、人々の視線を感じて、わけもなく恥ずかしく思えたことがある。

「なぜ、私をじろじろ見るの？　私はめずらしくもないただの人間なのに。あなたたちと同じ人間なのに」何も悪いことはしていないのに、視線を浴びるたびに暗い気持ちになった。

好奇心で見られる側のやるせない気持ちは、誰よりもわかっていたはずなのに、自分がされて嫌なことを、たった今ふたりにしてしまった。周囲の人に偏見の目で見られることを何よりこわがっていたのに、自分が偏見の目で周りを見ていたのだ。

おまけに私は、初めて会った人や道ばたですれちがうフィンランド人に、日本ではない他のアジアの人とまちがえられることが嫌だった。どうやら、他のアジアの国のことを何も知らないにもかかわらず、根拠のない優越感を持っていたらしい。そんなもので知らず知らずのうちに、よわい自分を偏見の目から守ろうとしていたのだ。

自分にひそんでいた偏見に気づいてからは、新しいものの見方ができるようになった。人種や国籍で他人を不公平に区別するその背景には、戦争などの歴史や経済的な格差があったり、個人的な偏見や憎悪の感情が織りこまれていたり、理由は一つではなく、とても複雑なのだろう。しかしその根底には、自分のよく知らないものをこわいと思う気持ちがあって、外見や国籍というような本人の人格には直接関係しないもので、人を判断させてしまうのではないだろうか。人が他人に対して持つ根拠のない優越感というものも、実は必死になって自分を守ろうとする状態で生まれる、悲しい感情なのかもしれない。

だが私には今、本当の自分を受けいれてくれる友達がそばにいる以上、他人をおとしめてまで自分を守ろうとする必要など、いっさいなかったのだ。

学校の「外国人生徒のためのフィンランド語」のクラスには、生徒がたった四人しかいなかった。イラン人のファルザネとベトナム人のアン、ロシア人のアナスタシア、そして日本人の私だ。八月に学校がはじまった時点ですでにファルザネは二年間、アナスタシアは六年間、アンは十年間もフィンランドに住んでいて語学力もそれぞれだった。

授業中にテキストが配られ、先生が、「わからない単語はない？」ときいたとき、他の三人は二、三個単語をきいただけだったので、ほとんど全部の単語がわからなかった私はあせってしまった。しかし、クラスで一番フィンランド語ができないということは、かえって都合がいい面もあった。自分のやる気次第で、次々と新しいことを学べるからだ。

授業は、まったく堅苦しいものではなかった。フィンランド人のアイラ先生は、とても親しみやすい人で、授業の初めには生徒一人一人に「週末は何をしたの？」など、個人的なことをフィンランド語で質問した。自分のことを話すことで、私たちは新しい単語や表現をかんたんに覚えていくことができ、お互いのいろいろな話をきいているうちに、私たちはとても仲良しになった。先生も交えて、あまりにも夢中でおしゃべりをしたので、男の子の話題で授業が終わってしまったこともあったくらいだ。

あるときは、文化のちがいについて話が盛りあがった。

「ねぇ、日本語で自分の名前を書いてみてよ」

アナスタシアに言われて、ノートのはしに書こうとすると、

「エリカ、みんなにも見えるように、前に出てきて黒板に書いてみて」と、先生が言った。

黒板に漢字で名前を書くと、

「わぁ、すごーい！」アンがおどろいた顔をして言った。

「とてもおもしろい字だね」黒板の字を見ながらアナスタシアも言った。すると、ファルザネも自分の名前を書きに前に出てきた。

「ペルシア語ではこうやって書くんだよ」ファルザネが右から左へくねくねした文字を書くものだから、みんなびっくりしてしまった。

「えっ、右から左に書くの!?」私も目をまるくして、ファルザネの書いた字を見つめた。

「アン、アナスタシア。あなたたちも自分の国の言葉で名前を書いてみてよ」と、先生が言ったので、アンはベトナム語で、アナスタシアはロシア語で、それぞれ自分の名前を黒板に書いた。ベトナム語もロシア語も一見、英語やフィンランド語でも使われるアルファベットと似ていたが、よく見ると明らかにちがっていた。

「まぁ、なんて国際的なクラスかしらね」先生が、黒板に書かれた四つの言葉を見ながら目を輝かせた。

また、ある授業時間には、ファルザネがイランの踊りをみんなに教えてくれたこともあった。みんなで手をつないで輪になり、まわりながら足を複雑なリズムにあわせて交差させたりするという、かんたんそうに見えてなかなかむずかしいダンスだ。

「アナスタシア、上手!」ファルザネのやるようになんとか踊れているのは、アナスタシアぐらいで、アンも私も足がこんがらがって転びそうになったが、それもまた楽しかった。

私たちの文化や育った国のちがいは、価値観や考え方のちがいにも表れていた。それでも意見が衝突することは、あまりなかった。なぜなら私たちは、出身国はちがっても、今はフィンランドに住む外国人として同じ立場にいる「仲間」だったからだ。若いこの時期に外国に移るという同じ経験をしているため、フィンランドの文化について意見を交わしたり、母国と離れて暮らすことのむずかしさを分かちあうことができた。フィンランド語を共に学び、成長してきた仲間の存在はとても励みになった。たくさんの時間を一緒に過ごしているうちに、私は文化のちがいをこえて、彼女たちの存在をとても近くに感じるようになった。

今、目の前にいる家族や友人たちと同じように、地球という星のすべての人間には喜びや悲しみを感じる心があり、みんなそれぞれの美しさを持っている。育った国の文化や環境のちがいは、私たちを隔てる壁なのではなく、尊くかけがえのない人類の財産なのだ。それを出会った人たちと分けあうことは、とっておきの宝物を見せあったり交換するようにすばらしく、わくわくすることなのだ。

そう思った私は、自分の「財産」を友達と分けあうことに決めた。ファルザネはペルシア語、私は日本語を、お互い教えあうことにしたのだ。

「毎日、ひとつ新しい言葉を教えあうの。紙に書いちゃダメだよ。頭で覚えるの。その方がいつまでも記憶に残るから」

ファルザネがルールを決めて、さっそくおさらいをはじめた。

「きのう教えた言葉、覚えてる？」

「うん、ベバカシュ（ごめんなさい）」

私が言うと、ファルザネがゆかいそうに笑いだした。

「ゴメン、ゴメン。あんまり発音がいいから可笑しくて。日本語では、『ゴメンナサイ』だったよね？」

「正解！」私もにっこり笑った。


もしも私たち一人一人が、世界中の人々と友情という固い絆《きずな》で結ばれたなら、世界はひとつになり、争いのない平和な世界をつくるための大きな力となるだろう。私は、本当に世界中の人々は友達になれると信じている。「同じ時代を生きる仲間」として。

大混乱の「アビの日」

まだ吐いた息もとたんに結晶になるような、二月のある昼休み、ヴァルプが外の空気を吸いに校庭に出るというので、私もついていくことにした。外へ出ると、何かいつもと様子がちがっていた。外が明るいのだ。ふと東の空を見ると、空の低いところに、オレンジ色の丸い太陽が地平線からまるごと姿を現していた。太陽を見たのは、本当に久しぶりだった。まだ、日は地面をあたためるほどではなかったが、カーモスが終わりを告げて、また太陽の光が大地を照らしはじめたのだ。

太陽を見ながら、トーベ・ヤンソンの『ムーミン谷の冬』のあるシーンを思い出していた。冬眠しそこなったムーミントロールがきびしい冬を乗りこえ、初めて凍りついた水平線の向こうに太陽を見つけたとき、彼はうれしくて飛びはねるのだ。日本にいた頃は、なぜ太陽が姿を現したのがそんなにすてきなことなのか理解できなかったが、同じ体験をした今なら、ムーミントロールの気持ちが痛いほどよくわかる。

「今日は、春一番の日だね」となりで太陽をながめていたヴァルプが言った。

「春？　まだ凍るように寒いじゃない」

「そうなんだけどね。でも、毎年春の訪れを感じる日を、私がそう決めることにしてるんだ」

ヴァルプは、いとおしそうに太陽を見つめていた。

この地方の人々は太陽の光を愛し、きびしい冬にじっと耐えながら、いつかまた来る、日の沈まない夏を待ちのぞんでいた。その姿がなんとなく、ムーミン谷の住人と重なって見えていた。

二月は、フィンランドの高校が最もにぎやかな時期だ。卒業試験を受ける生徒が最後の登校日を過ごす「アビ（卒業試験受験生）の日」と、二年生による「ダンスパーティー」は、どちらも高校生活最大の行事なのだ。

最初の頃は謎に包まれていた卒業の仕組みについても、友達が説明してくれたおかげでだいぶわかるようになっていた。卒業するためには、必ず突破しなければならない卒業試験は、教科ごとに春と秋の年に二回受けることができる。しかも、全教科一度に受けるのではなく、受ける科目の必修のコースの単位が全部取れていれば、いつでも試験を受けられることになっていた。おまけに卒業は入学してから三年後と決まっているわけではないのだ。

「それでも半数以上の人が三年間で卒業していくけど、少しゆっくりペースでコースを取ったり試験を受けたいという人は、私みたいに四年間や三年半という選択もできるんだ。逆に高校を早く卒業したくて、二年間で全部の卒業試験をパスした友達もいたよ」と、アイノは話してくれた。語学が得意な三年生のアイノは、必修科目の英語やスウェーデン語の他に三ヵ国語も勉強していて、三年間では全部取りきれないため卒業を一年延ばしたそうだ。卒業の計画は急に変更することもできるが、ほとんどの人が入学したときに決めていて、それに見合った高校の授業計画を立てるという。

三年間や四年間で卒業する人たちは、三月に最後の卒業試験を受ける。二月中には卒業試験に備えて長期の休みに入るため、三、四年生にとって高校生活最後の登校日も、この月にあるというわけだ。それを祝うためのアビの日、またの名を「ペンッカリット」という行事が、毎年フィンランド中の高校で同時に開かれる。先生や在校生との別れを惜しむ日なのかと思ったら、実は、日頃のストレスを発散させるために、最後に卒業生たちで大暴れしようという日なのだ。

二月十三日の朝、校舎に足を踏みいれて目を疑ってしまった。一階の床には引き裂かれた黒いビニール袋が一面に敷かれ、色とりどりの風船が、床にも壁にも階段の手すりにもありとあらゆるところにくくりつけられているではないか。おまけに、段ボールに描かれた巨大なウサギの絵が正面の壁にかかっていて、そこには「アビ」という文字が大きく書いてあった。「サーカス」のイメージで飾りつけたらしい。

「いつのまに、こんなふうに飾りつけたんだろう！」校舎はすでに陽気な雰囲気になっていた。飾りを見上げながら、英語の授業がある教室に向かって階段を上っていくと、各教室のドアにゴシップ雑誌の広告のようなものが貼ってある。なんだろうと思い、近づいてみて私は目を丸くした。普通なら、芸能人や政治家のニュースやスキャンダルのトピックでひしめいているはずの広告に、なんと学校の先生たちについてのゴシップが、顔写真つきで載っているではないか！

『社会の○○先生は、多額の借金を抱えていた！』

『大男も時にはセンチメンタルなのよ……音楽の△△先生、失恋か？』

先生たちの集合写真を載せて『誰が今年のミス・フィンランド？』と書いてあるものまであった。見るからに手作りで、話題もでっちあげらしいそれらの広告は、アビたちの先生たちへのささやかな逆襲なのだ。そんないたずらが、あちこちに貼ってあった。

「ひぇー！　こんなの先生たちが見たらどうするんだろう」先生たちの反応が気になっていると、なんと先生まで爆笑しながら、楽しそうにアビのいたずらを見てまわっている。

だが、おどろくのはまだ早い。入り口の方がうるさくなったかと思うと、北方の民族、サーメの鮮やかな民族衣装を着たアビこと三、四年生たちが、我先にと校舎に入ってきた。少数だったが、「サーカス」のテーマにちなんで、いろいろな動物やピエロに扮したアビもいた。アビたちは、それぞれが鈴や笛や鳴り物を手に、大声で叫びはじめた。

「ウオーーーっ!!」「ビーッビーッ!!」「ガラン、ガラン」

二百人あまりのアビがそろって騒ぎたてたので、それはすさまじい騒音となった。

いつのまにか英語の先生が教室に来ていたが、よく見ると、なんと先生まで仮装してウサギの格好をしている！

「さぁ、みんな教室に入って」先生は、アビの暴走ぶりにあっけにとられている一、二年生たちを教室に呼びあつめた。

「えっ、この状況で授業するの!?　うそでしょう？」悲しいことに、私たち一、二年生は、この日は終日こんな状況の中で普段どおり勉強をしなければならなかった。もちろん、誰もろくに授業に集中などできず、教室の外の様子を見たくてうずうずしていた。

朝の授業が終わると、十時からはじまる朝の集会でアビたちは全員演説するホールの踊り場へ上った。

「一、二年生は下へ行けー！」という、アビの命令にしたがって在校生は一階に集まると、すっかりアビたちに占領されている高台を見上げた。マイクが壊れそうな大声で、アビの男の子が演説をはじめた。

「諸君、なんてすばらしい日だろう！　この日を境に我々はこの高校から解放されるのだ。よって今日我々はこの学校を征服するっ！」彼が手を掲げると、アビが悲鳴に近い歓声をあげた。そして次の瞬間、在校生が一階へ行かなければならなかった理由がわかった。

「こんな牢屋みたいな学校に残って、勉強を続けなければならない、あわれな一、二年生よ。これをくられぇ！」と、アビのひとりが叫ぶと、アビたちはいっせいに、なんとキャンディーを在校生めがけてばらまきはじめたのだ。

「わぁ、キャンディーだぁ！」在校生はとりみだしながら、雨のように降ってくるキャンディーを必死で拾いはじめた。

「いったい、なんなんだぁ!?」うろたえながらも、みんなにならい、私も夢中で拾いあつめた。学校が牢屋みたいだという意見は、以前にもきいたことがあった。学校という場所は、みんなにはとても窮屈らしい。日本の学校に比べたら、ずいぶんといろいろなことを好き勝手にできるのに、いったいみんなはどんな途方もない自由を求めているのだろう……。

アビの学校征服宣言が終わると、今度はアビたちによる一、二年生への授業妨害がはじまった。授業の途中でノックの音がきこえて先生がドアを開けると、数人のアビたちが教室に押しいってきた。

「みんなちゃんと勉強してるかな？　よし、アビが元気の出る体操を伝授しよう！」

そう言うと、アビはわけのわからない体操をはじめた。

「いち、に、さん、し。ほら、そこ！　しっかり手を動かす！」

なにしろ主役のアビ様が言うのだから、今日だけは誰も抵抗できない。在校生も全員立ちあがってアビの奇妙な体操をやらされる羽目になった。

このグループは、体操をしたあとすぐに退散したのだが、また別のグループが次々と入ってきては、またわけのわからないゲームを在校生にやらせた。とうぜん、そのたびに授業は中断されたので、一、二年生は内心喜んでアビの訪問を待っていた。この日ばかりは先生にも止める権利はないらしく、アビが教室に入ってくると、すみに退かなければならないのだ。

不思議だった。毎年くり返されていることとはいえ、こんな生徒たちの暴走ぶりを、先生がとなりでにこやかに見ているなんて。というより、こんなことがフィンランド中の高校で、毎年くり返されているなどということは、とうに私の理解を超えていた。

キャンディーをまいてくれるのは、在校生にとってはうれしい限りだが、それとは別にアビたちがする毎年恒例の恐怖のいたずらがあった。アビはみんな真っ赤な口紅を持っていて、在校生の顔に落書きするのだ。いきおいづいているアビに抵抗するのはとても無理で、必ず全員がそのえじきになるのだった。私に落書きしたのは控えめなアビだったので、ほっぺただけで勘弁してもらえたが、セシリアたちは運悪くハイテンションな男の子たちが相手で、おでこや鼻、目の周りまで口紅で塗りたくられていた。

昼休みには、全校生徒や先生を集めて、アビが集会を開いた。バンド演奏をはじめ、先生たちや在校生も交えたクイズ大会や、アビが勝つように仕組まれたゲームなどが次々と披露された。ジェスチャーゲームでは、校長先生がライオンの真似をさせられていた。生徒の歓声に押されて全校生徒の前に登場した校長先生は、のっしのっしと歩くライオンを演じたかと思うと、なんと「ミアーオ」と子猫の鳴き真似をした。その場が爆笑の渦になったのは言うまでもない。

ふと辺りを見ると、英語の先生だけではなく、タルヤ先生やアヌ先生まで仮装をしているではないか。

「なんだ、先生たちもけっこう楽しんでるんじゃない」なんだかうれしい気分になった。

先生は、生徒たちに「良い子」でいることを押しつけないどころか、望んでもいないようだ。

「誰だって、ときには羽目をはずしたいと思ってあたりまえじゃない」そんなふうに考える先生や生徒のみんなを、自分に正直でとても人間らしいと感じた。

集会が終わると、今度は玄関の近くに集まり、アビが一人一人在校生に担がれて、外へ放りだされた。そばにいたヴァルプが説明してくれた。

「玄関から校庭までの間、地面にアビを『落とす』とアビが卒業試験に『落ちる』から縁起が悪いと言われていて、どんなに重くても一、二年生はアビを校庭まで必死で運ばなくちゃならないんだよ」

「なるほどねー」縁起が悪いなんて、日本みたいな考え方をするんだなぁと思いながら、その様子を見守った。その日のいたずらの復讐だとばかりに、二年生に雪の上へ思いっきり投げとばされているアビもいた。

「やったなー！」

「わははは！」

空まで届きそうな、たくさんの笑い声や笑顔が校庭にあふれていた。

そのとき彼らの目に映る未来は、どんな色をしていたのだろう。高校を出て次のステージへ向かうことが、彼らにとって喜び以外の何ものでもないのは、その表情を見ても明らかだった。そのあと、列になってアビたちが町へくりだしていくときも、誰ひとりとしてうしろを振りかえらなかった。彼らの船出は、自由でさっそうとしていて、その足取りを重たくするものなど何もなかった。どうしたらそんなふうに、前向きな生き方ができるのだろうと、私は不思議でたまらなかった。

それからしばらくしたあと、アビたちは校長先生に「ごめんなさい」と言っておわびのしるしに、花束とキャンディーがぎっしり詰まった袋をプレゼントしてくれたのだと、副校長先生がうれしそうに話していた。きっとその「ごめんなさい」という言葉には、「好き勝手にやらせてくれてありがとう」という意味も込められていたのだろう。フィンランドの若者の熱狂ぶりにはもちろんだが、何より学校の先生たちの懐の深さにおどろかされた「アビの日」という行事だった。

ペンッカリットのあと家に帰ると、シルッカさんに気になったことをきいてみた。

「どうしてサーメの民族衣装をアビの日に着るの？」

ラップランドにトナカイを遊牧しながら暮らすサーメの民族は、スカンジナビア半島北部に居住している少数民族だ。民族衣装は、赤・黄・青などの原色を用いた色鮮やかなもので、サーメの民族のトレードマークのようなものだった。

「リュセオンプイスト高校のしきたりみたいよ。でもね、サーメの人たちはそのことをよく思ってないの。サーメの衣装は、儀式のときに着る神聖なもので、アビの日には相応《ふさわ》しくないの」

「確かに……」アビの日は、まちがっても神聖という雰囲気ではないなぁと、私も納得した。

「リーサもリュセオンプイストの卒業生なんだけど、リーサがアビのとき、同じクラスにサーメの民族の子がいたから、その子のことを思って、リーサのクラスの人は全員ちがう衣装を着てアビの日に参加したのよ。校長先生は、その学校特有のしきたりだから、サーメの服を着てもらいたかったらしいんだけどね」

なるほど、それで今日もサーカスのピエロや動物の格好をしている人がいたのだ。だがそれでも、九割くらいのアビがサーメの服を着ていた。しきたりとはいっても、そういった民族の問題がからんでくるなら、続けてもいいものなのか、そこはむずかしい問題だ。

そのとき二階から、エーヴァがベージュ色の豪華なドレスを着て降りてきた。

「うわぁ、エーヴァきれい！　そのドレスどうしたの？」私が見とれていると、

「私が作ったのよ」シルッカさんが言った。

「明日はこれを着て踊るんだ」エーヴァがうきうきした様子で言った。

「アビの日」が終わり、もう一つの大イベント、二年生によるダンスパーティーが翌日にせまっ

ていた。

「どうして、二年生が『アビの日』の次の日にダンスを踊るのか知ってる?」シルッカさんがきいた。きょとんとした顔をしている私を見て、シルッカさんが話を続けた。

「この行事は『古き者のダンス』と言って、これもフィンランド中の高校でいっせいに行われるの。アビが出ていって、二年生が学校で一番の古株になるから、それを祝って毎年二年生がダンスをするのよ」

「ダンスパーティーに参加する二年生は、二ヵ月前から体育の授業でダンスの練習をはじめるんだよ。二年生でも参加するのは自由なんだけど、自分で一緒に踊る相手を見つけなくちゃならなくて、それがなかなかむずかしいんだよね。私は男の子の友達にお願いしたからかんたんだったけど」エーヴァが説明してくれた。

舞踏会へようこそ

次の朝、準備をしているエーヴァに「今日はがんばってね」と言ってから、学校へ行った。この日も一年生やダンスパーティーに出場しない二年生には、午前中普段どおり授業があった。登校し、校舎に一歩足を踏みいれて、また仰天してしまった。きのう、アビたちが散らかし放題にしていったはずの校舎が、たくさんの造花によってとてもロマンチックな雰囲気に変わっていた。「ペンッカリット」のあと、二年生が遅くまで残って掃除や飾りつけをしていた、と管理人のセイヤおばさんが教えてくれた。

午後のダンス披露の時間が近づくと、二年生のダンサーたちが学校に集まってきた。その衣装の豪華なことと言ったら……！　青や緑や真紅のきらびやかなドレスに身を包んだ女の子たちは、まるで中世のヨーロッパのお姫様のようだ。男の子たちも、黒のタキシードに蝶ネクタイで決めていて、普段とは別人のようだ。

昼休みがはじまると、ヴァルプやハンナレーナと急いで昼食を食べにいった。セシリアとサンニはもうすませていたので、先にダンスを見学する場所を取りにいってくれた。食堂を出ると、校舎は生徒や二年生の晴れ姿をビデオに収めにきた家族でいっぱいだった。

「こっちこっち！」先に場所取りしてくれたセシリアとサンニが、三階から手招きした。一階全体が二年生のダンサーたちの舞台になっていたので、吹き抜けの三階からは、ダンサーたちの姿がよく見下ろせるのだ。そこからは、エーヴァの姿もすぐに見つけることができた。

音楽の先生が率いるブラスバンドが曲を奏ではじめ、ダンスがはじまった。二年生はワルツ、タンゴ、チャチャチャや、フォークダンスのようなものからロックまで、十種類以上のダンスを次々に披露した。

「わぁ、みんな上手！」サンニが目を輝かせて見入っていた。何十組ものペアがくるくる踊ると、女の子のドレスが華麗にひるがえり、まるで蝶のような軽やかさだ。現実の世界とはとても思えないようなロマンチックなムードに、私も胸がときめきっぱなしだった。

「私も来年踊りたいな……」とつぶやくと、ヴァルプが言った。

「ぜったい楽しいよ。そうとなったら、すぐにでもパートナーになってくれる男の子を探さなくちゃね。今からはじめた方がいいよ。この学校は、女の子の数の方が断然多いんだから」

「え、もう⁉」びっくりして私が言った。

「本当に踊りたいならね。私もがんばらなくちゃ！」セシリアの目は本気だった。


その夜、家でエーヴァがドレスを脱ぐのを手伝っていたシルッカさんが言った。

「来年はエリカの番ね。そのときはこのエーヴァのドレス、着ていいのよ」

「えっ、本当に⁉」

「もちろんよ」びっくりしている私を見て、シルッカさんが笑った。あの優雅なパーティーに参加するためのドレスが、さっそく見つかった。あとは、一緒に踊ってくれるパートナーを探さなくてはならない。

「今から男の子の友達を作らなくちゃ」一年後のダンスに、夢は大きく膨らんでいった。

私の中の真実

「ヘイ、エリカ」

友達のミンナに声をかけられて、廊下で立ち話をはじめた。ミンナとは、選択の美術のコースで知りあって以来仲良くなった。ミンナは二つ上の三年生だった。

「ミンナは、アビの日に参加してなかったね。まだ卒業しないの？」

「私は四年間高校で勉強するんだ。ほら私、美術特待生だから、取らなきゃならない美術のコースがたくさんあって、三年間じゃとても取りきれないの」

彼女は私より二つも年が上だったが、出会ったときから他の同級生の友達と何も変わらず、近しい存在だった。それはミンナに限ったことではなく、エーヴァやアイノについても言えることだ。ここには「先輩は目上の存在」という、私が中学校で経験した常識はなかった。

ここでは学年は、単に自分が何年学校で勉強したかということを表すだけのものだったので、一、二歳の年の差など無意味に等しかった。唯一ちがうことと言えば、彼女たちは一年生の私たちに比べてこの学校のいろいろなことを経験済みだということで、そういう意味ではたよりになる存在だ。

「わからないことがあったら、いつでもきいていいんだからね。私は何年もこの学校にいるから、システムとかもわかってるし」そうやってアイノは、初め私がよく知らなかった卒業試験の仕組みの他にも、フィンランドの年中行事やいろいろなことを教えてくれた。この国の人にはあたりまえなことも私は知らなかったりしたので、そんなふうに説明してもらえると助かったし、私に一から説明することを少しも苦に思っていないことがわかったときはうれしかった。

フィンランド語には、普通の話し言葉からはっきりと区別される、日本語の敬語にあたるような話し方はないようだ。相手を敬う話し方はあることはあるが、よほど相手と距離を置きたい場合ではないと使われないらしい。

年上の友達と話すときはともかく、先生に対しても友達と同じ口調で話すことに、最初は戸惑いを感じ、これで本当にいいのだろうかと考えた。無理にていねいな話し方を試してみたこともあったが、思うようにいかず、違和感があった。そうしているうちに、先生が私と同じ目線で話してくれることに居心地の良さを感じるようになり、大切な気持ちが相手にうまく伝わるなら、形にはこだわらなくていい、という考え方を知った。そして私も、本当はずっと以前から、そんな人間関係を望んでいた自分に気がついていた。

外国人のフィンランド語の授業のとき、ファルザネがイランの学校の先生の話をしていた。

「私がいたイランの小学校に、いつも一メートル定規を手に持ってるこわい先生がいたんだ。いねむりしている人がいると叱るの。ほんとに叩かれたりはしなかったんだけど、みんなに恐れられてたよ」

「あらあら、ずいぶんとちがうものね。フィンランドだったら、授業中に誰かが寝ていても、『まぁ、疲れてるのね、寝かせておいてあげましょう』って言う先生もいるのに」アイラ先生が言った。私も、実際にこの学校の先生がそう言うのをきいたことがあったので、日本ともちがうなと思った。

「エリカは？　日本ではどうなの？」急に先生が話をふった。

「え、日本は……」

言いかけて私は、一瞬迷った。私が日本の先生ときいて思いうかべるのは、自分の中学校の中でも暴力的だった先生たちのことだ。しかし、日本を代表しているようなこの場で、そんなことを話してもいいのだろうか。少し考えたが、やはり私が経験した本当のことを話したかったので、本来なら日本でもそんなことは許されないはずだということは、きちんと前置きしたあとで、思いきって話してみることにした。

「日本の学校でも、いねむりはとてもできないな。もちろんそうじゃない先生もいたんだけど、私がいた中学校には、いねむりの他にも忘れ物をしたり、言うことをきかないと、殴ったり……

背中を蹴ったりする先生がいて……」

「殴る」「蹴る」という単語には、いま一つ自信がなかったので、拳や足を振りあげたりというジェスチャーも交えて説明した。ところが、思いもよらない反応が返ってきたのだ。

「わはははは！」

アンをはじめ、ファルザネもアナスタシアも、先生までお腹をかかえて爆笑してるのだ。

「えっ!?　ここ、笑うところじゃないはずだけど!?」私の不恰好な蹴りが可笑しかったのだろうか、などと考えていると、笑いをこらえて先生がようやくきいた。

「警察には言わなかったの？」

「警察!?」なぜそこに警察が出てくるのかわからなくて、よけい頭が混乱してきた。

「えー、でもどうしてそんなことを先生たちがするの？」やっと落ち着いたアンは、まったく理解不可能という顔で私にきいた。

「……なんでだろうね」なぜあんなことが許されたのか、知りたいのは私の方だった。

なんとも予想外の反応が返ってきたので、わけがわからなくなった私は、他の人の意見もきいてみなければならなかった。

学校帰りに、授業で話したのと同じことをエーヴァに打ちあけてみた。エーヴァは真剣な顔をして最後まで私の話をきいたあと、フィンランドの実態について話してくれた。

「フィンランドでは、先生が生徒を叩いたり襟首をつかんだりすることは、ぜったいに許されないことになっているんだよ。もし、先生に殴られたりしたら、校長先生に言って警察を呼んで、その先生をすぐクビにすることができるんだ」

エーヴァの言葉をきいて、急に全身の力が抜けていくのを感じた。それは私を、過去から救ってくれる答えだった。

「……わかってた……ずっと。本当はそうあるべきだって、わかっていたんだ……！」

急に、中学生の頃のことが頭の中にフラッシュバックしはじめて、やりきれない気持ちが私をおそった。

「それならなぜあのとき、私は止めようとしなかったんだろう……」

先生が友達に拳を振りあげたとき、なぜ「やめて」と言わなかったのだろう。いや、言わなかったのではなく、言えなかったのだ。まちがっていることを、まちがっていると言えない空間に、私は恐ろしいくらい見事に溶けこんでいたのだ。

「今の私なら、何かを変えることができたかもしれないのに……。何を言われたって、そうかんたんにあきらめたりしなかったのに……！」そう思うと、無念の思いに胸が押しつぶされそうになった。

エーヴァの横を歩きながら、私は鼻をすすっていた。悔しさとうれしさが、同じくらい混じりあっていた。涙がこぼれ落ちそうになったので、上を向いた。空は今までに見たことがないくらい青く、誰の頭上にも公平に広がっているように見えた。そういえば中学生の頃、私は現実逃避をするのが好きだった。頭の中に空想の世界を創り、せめてそこでだけは、生徒に手をあげるような先生はそれ相応の報いを受けてほしいと願っていた。だがついに私は、空想ではない現実の世界に、それを見つけたのだ。暗いトンネルを長い間さまよったあと、ようやく出口を見つけたような、そんな気持ちで胸がいっぱいになった。

「そんなことがあったのかぁ。フィンランドでは、荒れた生徒が先生を殴ることはごくたまにあるかもしれないけど、その逆はないだろうなぁ」次の日、ヴァルプに中学生の頃の話をすると、彼女もそう言った。

「そういえば」ふと、まえから気になっていたことをヴァルプにきいてみた。「うちのクラスの男の子は、どうして体育の先生を、名前で呼びすてにするの？」

一Dのある男の子は、体育の先生がいる前で「先生」ではなく、苗字でもなく、名前を呼んでいたので、その子は親類だとか学校以外にも何かつながりがあるのかと思っていた。

「あぁ、それは単に体育の先生と仲が良いからでしょう。フィンランドでは親しみを込めて、先生を名前で呼ぶんだよ。私も担任のこと、タルヤって呼んでるの気がつかなかった？」

「あっ、そうなのか」自分は、日本と同じ調子で、先生をみんな「先生」と呼んでいたことに気がついた。

「だから逆に、『先生』としか呼ばれない先生は、あまり生徒に慕われてないとも言えるんだよね」ヴァルプの言葉におどろいてしまった。

「そうなの!? それじゃあ、私もこれからタルヤって呼ぼうっと」

そう言いながら、中学生の頃、「生徒が自分に敬語を使わなくなった」と嘆いている先生がいたことを思い出していた。だがそれは、生徒にナメられていたわけではなく、生徒が先生を近い存在だと感じていたからだったのだろう、とヴァルプの話をきいて思った。


金曜日は、先生も生徒たちも大好きな曜日だ。

「あぁ、やっと週末がはじまるー!」金曜日の放課後、サンニがとてもうれしそうに言った。

「学校に来なくていいなんて、なんてすてきなんだろう!」ハンナレーナも言った。その代わり週末が過ぎたばかりの月曜日は、彼女たちにとって気分が重たい日なのだ。友達と学校にいるのが何より楽しかった私は、金曜日はいつも、少しさみしい気持ちになった。

フィンランドの学校にはクラブ活動はなく、掃除も業者に雇われている人たちがやってくれるので、生徒たちは自分のその日の最後の授業が終わると、すぐに家へ帰っていくのだ。

クラブ活動がなくても、趣味がある人は、それぞれ個人で活動していた。例えば、セシリアはピアノや歌を町の音楽学校で習っていて、サンニやヴァルプやハンナレーナは、愛犬たちに障害物を越えさせて敏捷さを競うアジリティを町の犬クラブで練習していた。つまりフィンランドでは、高校はあくまで勉強をする場所であって、生徒の生活を縛る役割はなく、生活の一部でしかないのだ。

フィンランドの高校には制服はもちろん、生徒の外見を制限するような校則は一切なかった。いや、だいたい校則というものがないのだ。禁じられていることといえば、学校という公共の施設内では、成人の十八歳を過ぎていてもタバコを吸ってはいけないなど、法律にもあるようなことくらいだ。

校則が法律という事実は、想像にあまりあるほどの自由と、生徒の権利を保障するものだった。

フィンランドに来て、念願だったピアスを開けてみた。普通のイヤリングだと、いつのまにか耳から取れてなくしてしまうことが多かったので、ピアスならその心配は少ないから便利だと思ったのだ。だが、ピアスを開けることが、いけないことであるかのように中学校では先生に言われていたために、卒業して間もない頃はまだわけもなく罪悪感にも似た気持ちがあり、なかなか開ける勇気が出なかった。

「見て！　きのうピアス開けたんだ」ようやく実現できてうれしくなった私は、ファルザネに穴が開いたばかりの自分の耳を見せた。

「ほんとだ。似合ってるよ」ファルザネが言った。

だが、私があんまりうれしそうなので、不思議に思ったファルザネがたずねた。

「そんなに開けたかったんだったら、どうしてもっとまえに開けなかったの？」

「それは……中学校では禁じられてたんだよ」

「えぇ!?」ファルザネは思いきり目を丸くした。「どうして？　どうして開けちゃいけないの？」

「どうしてって……どうしてだろう……」

私も中学生の頃、同じ質問を先生にしたことがあったのを思い出した。そのとき先生は、「不良のはじまりだから」と、こまった顔をして答えた。私もこまった顔をしながら、

「ピアスをよくないものだと思っている大人が、多かったからなんだろうね」と言った。

「どうしてー？　なぜ、ピアスはよくないものなの？」

ファルザネは、さっきよりもっと目を丸くさせたが、私が答えるのに苦労していることに気がつくと、それ以上質問攻めにするのはやめて、自分の国の話をしてくれた。

「イランではね、赤ちゃんのうちに耳にピアスの穴を開けるの。それが、私たちのしきたりなん

だ。私にとってはそれがあたりまえだったから、どうして日本の学校ではピアスを開けちゃいけないのか、どうしても理解できなかったんだ」

しきたりなら、ファルザネが不思議がるのも無理はない。彼女にとってはそれが「あたりまえ」だったのだ。私にとっての「あたりまえ」は、中学校ではピアスを禁じられていたということだったが、なぜ禁じられていたのか、その理由を理解できたことは一度もなかった。

高校の交換留学生たちに話をきくと、他のヨーロッパの国の人が見ても、フィンランドの若者がそれぞれ個性的な格好をしていることに、おどろくという。しかも、同じような格好をしている人ばかりが一緒に集《つど》っているのかというと、そうでもないのだ。たとえば、私の友達でも、サンニはわりと流行にあわせた服を着ているが、セシリアはとてもカジュアルで、ティーナはブレイクダンスをやっていることもあってスポーティーな服装で、ハンナレーナとヴァルプもまた独自のスタイルを持っている。私は、そんな彼女たちにまじって、フィンランドにはない、日本の独特の服を着ている。それでも服装に関しては、お互い干渉したりしない。みんな、自由に自分の好きな格好をすればいいのだ。誰も人のスタイルを批判したりしないのだ。

フィンランドに来たばかりの頃、私は自分にどんな服が似合うのか知らなかった。

「エリカは、黒とか紺とか暗い色の服ばかり着てるのね。まえ話してくれた、中学校の制服のことがまだ影響してるんだと思うけど、若いんだし、もっと明るい色の服を着てみたら?」

シルッカさんにそう言われて、似合いもしない極端に派手な色の服を買って失敗したこともあった。制服を決められたように着ることが「あたりまえ」になっていた私は、何が自分のスタイルなのか、まったく知らずにそれまで生きてきたようだ。

そのとき、普段制服を着ている中高生が、流行を追いかけたがる理由がわかった気がした。移り変わりの激しい流行は、その場しのぎで自分のスタイルを装うにはぴったりだ。しかし、流行《はや》り物を「かわいい」と思っても、それは他人から与えられた価値観でしかないことに、彼女たちはなかなか気がつかない。本当の自由があれば、仲良しの友達がみんな同じような格好をしているなどということは、ないはずなのだ。

試行錯誤をくり返した結果、ついに自分のスタイルというものがわかりはじめてきた。髪の色を明るくしたので、明るい空色が自分に似合うことがわかったときは、今まで知らなかった自分を知ったようなそんな気分になった。自分のスタイル探しには、服と私の全体の雰囲気まで見比べてくれる、友達の意見がとても参考になった。

ようやく自分というものをつかんで、今度は外見で自由に遊んでみたくなり、私は今、ほかでもない自分の意思で、ピアスを開けて髪も明るい色に染めている。それでも、周囲の人の私への接し方は、少しも変わらなかった。あたりまえと言えば、あたりまえな話だ。そうしてやっと、外見を変えても、自分は何も悪いことはしていないという確信を持てるようになった。

　これからは、私にとっての「あたりまえ」や「常識」は、他の誰のものでもない、私自身の価値観を通して決めよう。何が正しくて何がまちがっているのか、いつでも自分の心の声に耳をすまして、それにしたがい判断を下そう。私はそう、心に誓った。

取り戻していた笑顔

日の光を暖かく感じるようになり、命のエネルギーをいっぱいに含んで膨らんだ木の芽がほころびはじめた四月、高校では最後の五学期目がはじまった。

　授業が終わると同時に、いきおいよく教室から飛びだしてきたヌーの群れの先頭に、私がいた。そのスピードのまま、急いで友達の集まっている一階のテーブルに向かった。

「ヘイ、エリカ。国語の授業で何かいいことでもあったの？」笑みを浮かべながらやってきた私を見て、セシリアがきいた。

「うん、さっき作文を先生に提出したらうれしいことを言われたんだ。『エリカは去年の秋、三行くらいしか文章を書けなかったのに、今は三ページも作文を書けるようになったなんて、あなたのフィンランド語の上達のはやさにはおどろかされるよ』って」

「へぇ、よかったね。でもほんとに、エリカはフィンランド語上手くなったよ。しゃべり方がとても自然になってきたもん」と、ハンナレーナが言ったので、

「本当!? ありがとう、うれしいなぁ!」私は飛びあがって喜んだ。

秋からずっと、あわただしく変わらない日々を過ごしてきたつもりだったが、知らぬ間に私のフィンランド語は上達していたようだ。会話がスムーズになって、ききとれずに何度もくり返し言ってもらうようなことも、少なくなっていた。単語がわからなくても、フィンランド語で説明してもらえばだいたい想像がつくようになったので、日常会話で辞書が必要になることはもうなかった。授業中に先生が話していることも、少しずつわかるようになり、何をすればいいのかわからなくて、戸惑うようなことも減ってきた。

フィンランド語があまり不自由でなくなるにつれ、友達の数もさらに増えていった。入学してすぐに友達になった人とも、自分の秘密や悩みなどを分かちあえるようになり、より深い関係を築くことができた。まだそれほど複雑な言いまわしができるわけではないし、何か言うたびにつかえてはいたが、友達はいつでも不思議なくらい私のことを理解してくれた。だから私も彼女たちのことをよく知りたくて、もっとフィンランド語が上手になりたいと思った。大好きな友達の言葉だから、フィンランド語が大好きだった。

四学期頃から歴史や生物、地理などの教科も新しく時間割に加わったが、授業をフィンランド語で理解するのはまだまだむずかしかった。なかでも、歴史はフィンランドやヨーロッパの文化の発展に関する内容が中心で、日本の小中学校で習ったことはほとんど役に立たず、一コース目から授業についていけなかった。一時間ずっと集中してきいていれば、何か少しはわかるはずだと思ったのだが、気合を入れても途中でまぶたがだんだん重たくなって、五秒くらい意識がないこともしばしば。

生物には興味があったものの、内容がむずかしいうえに専門用語も多く、ここでもまた授業ではおくれをとっていた。担任で生物の先生だったタルヤは、授業のあとにも課題のやり方をくわしく説明してくれたが、それでも授業の内容については理解できないことも多かった。試験が近づいた日、少し落ちこんでいると、生物のクラスでとなりの席だった友達のマルヤマイヤが提案した。

「ねぇ、エリカ。今度の週末に一緒に生物の勉強しない？」

「うーん。いいけど、私、ぜんぜんできないよ？」

「いいの。私が先生になったつもりでエリカに教えるっていうのはどう？　エリカは私に教えられることで勉強になって、私はエリカに教えることでまた勉強になるんだ」

「え、本当にそれでいいんだったら、ぜひやろう！　すごくありがたいよ」

ということで、日曜日にマルヤマイヤは、私の家に勉強を教えにきてくれることになった。生物が得意なだけあって、彼女は教え方もとても上手かった。

「どうしてこれはこうなるの？　○○って何？」

「それはね……」マルヤマイヤは、疑問一つ一つをていねいに、私が「わかった」とうなずくまで粘りづよく説明してくれた。私などに教えることで、本当に彼女にとっても勉強になるのか疑わしかったが、人に教えることで、自分の中でも試験範囲のことが頭の中で整理され、はっきりしてくるのだと彼女は言った。

「あぁ、こういうことだったのか」何度授業で先生の話をきいても、理解できなかったことが、不思議なくらい次々とわかるようになり、彼女のおかげで以前より自信を持って試験に向かうことができた。

フィンランドの学校では、生徒をお互いに競わせるようなことはしなかった。試験の結果が出ても、先生は誰が一番良かったなどと口にしたりせず、成績も相対評価ではなく、個人個人の学習の成果に与えられた。だから、ついていけない人がいれば、お互いに助けあうことができる環境になっていたのだ。

個人指導の先生のアヌに勧められて、五学期に「話す力を高める」という国語のコースを取ることにした。高校では、一学期の国語の読書感想発表のときのように、教室の前に立って発表するという形式が各教科で使われていた。人前に出るとドキドキして声が小さくなったり、うつむきがちになってしまうのは私だけではないようで、それを克服しようというのがこのコースの目的なのだ。

コースを担当したのは、一学期にもお世話になった先生、トゥーラだ。まず呼吸の仕方から教わり、そのあともいきなりスピーチをするのではなく、まずは輪になってお互い意見を述べあうことからはじめた。少人数を相手に自分の意見を言うことから、少しずつ人前で話すことに慣れさせていくのだ。そうして何度も練習をくり返したあと、身近なことをテーマにして、ひとりずつスピーチをすることになった。十七人だけの和やかな雰囲気のグループで、練習の成果もあり、それほど緊張もしなくなっていた。ひとりがスピーチをしおわると、他の人はその内容や話すときの姿勢などについて、評価しあうことになった。

私が友情をテーマにスピーチをしたときだった。きいていた女の子のひとりが、「話してるときの、うれしそうな笑顔がいい」と言った。

……そんなこと初めて言われた。私の笑顔がいいだって？　私は耳を疑いそうになった。

「私もエリカのスピーチは、エリカのいつもニコニコしていてうれしそうな雰囲気が、そのまま出ていると思ったわ」トゥーラもそう言った。

いつの間に、また笑えるようになったのだろう。日本で、そしてフィンランドに来てからもしばらくは感情を表に出せないでいた私は、本物の笑顔など、ずいぶんまえに失くしてしまったと思っていた。かたくなになった私から本当の笑顔を引きだしたのは、ここロヴァニエミで出会った人たちだ。みんなが心を開いて、素直な自分で私に接してくれたことが、私はあまりにうれしかったから、微笑まずにはいられなかった。そしてまた私も、彼らの前で素直に自分の感情を出していたのだ。

「ニコニコしてうれしそう、かぁ……」その日の帰り道で空を仰いだ。「そんな印象を与えていたなんて、ここに来てからそんなにいっぱい笑ってたのかな」

そんな自分が、なんだかいいなと思えた。また一つ自分のことを知り、少しずつだけれど確実に本来の自分を取りもどしはじめていることを感じていた。

フィンランドに来て、もうすぐ一年が経とうとしていた。

一年の終わり

「あれからもう一年が経つんだ……」

フィンランドに向かう飛行機の中で会った、交換留学生のことを思い出していた。

「あの人は、一年間の留学を終えて、そろそろ日本に帰っちゃうんだろうな」

この時点でフィンランドを離れてしまうなど、私には考えられなかった。やっと、フィンランド語が少しできるようになり、授業も学校もフィンランドという国についてもわかりかけてきたというところなのに、ここでフィンランドから帰国してしまえば、留学がとても中途半端なまま終わってしまうような気がした。フィンランドという国を知るという目的で留学した私には、最初に父とも予想していたように、一年はあまりにも短すぎた。一年間で学べることや体験できることは限られていて、しかも慣れようと奮闘している途中で、あっというまに過ぎていってしまうのだ。

だが、そんな慌しい一年の間にも、学んだことや理解できるようになったことはいくつもある。生まれ育った日本から出てみないと、私が知ることができなかった大切なこと、その一つがこの「世界」の大きさだった。日本にいた頃の私にとっては、日本が私の「世界」だった。もちろん、日本の外にも百を超える国があることは、知識として知っていたが、日本人が日本で暮らしているように、他の国でもずっと以前から人々がそれぞれ自分の生活を営んできたということまでは、うまく想像できないでいた。それは、私が日本人という視点でしか世界を見ることができなかったからだ。

フィンランドへ来て、旅行者ではなく、住人としてそこで暮らしてみて初めて、ここにも日本と同じスケールの「世界」があることを知った。日本人にとって日本は、外国人がイメージするような「ジャパン」ではなく「日本」という現実の世界であるように、ここにも「フィンランド」ではなく「スオミ（フィンランド語でフィンランドの意味）」という名の世界があった。「スオミ」という国は、私の中の「日本」と同じくらいリアルなもので、そこでは私が来るずっと以前から、日本と平行線で同じ時間が流れていたのだ。私が生まれたときに、ハンナレーナやヴァルプたちも地球の反対側で生まれ、いつの日か出会う日が来るのを待っていたのだ。フィンランドに限らず、この地球には、そんなリアルな日常が世界中にあふれているのだと知ったとき、「なんて地球は、豊かな星なんだろう」と心から思うようになった。

「そうだ、そろそろ日本行きの飛行機のチケット買わなくちゃ」

高校の夏休みは、六月から八月の中旬までととても長く、それを利用して一度日本へ帰るつもりでいた。クリスマス休みは短くて帰れなかったし、家族に会いたい気持ちもふくれあがっていたが、その一方で、フィンランドに来てからの一年があまりにも早く過ぎていったことに、戸惑いも感じていた。

学校が終わったある日、ヴァルプと外へ出ると、飛行機が空高く飛んでいるのが見え、ふたりそろって空を見上げた。白い跡を空に残して消えていく飛行機を横目に、うずくような妙な不安が私の中にあることを、ヴァルプに話してみた。

「フィンランドを出るっていうことが、とても大きなことに思えるんだ。そりゃ、八月からまた学校がはじまるのはわかってるけど、私が日本に行ってる間にフィンランドで何かが変わってしまいそうな気もするんだ。私の中で、フィンランドでの時間はフィンランドを去ったときに止まるんだけど、ここに残るヴァルプたちの時間はそのまま動き続ける。なんだかね、日本に帰ってる間に、フィンランドでのできごとは『すべて夢だった』なんてことにならないかって、心配なんだ……。ここでの生活は夢みたいにすばらしかったから」

飛行機を目で追うのをやめると、ヴァルプは私の方を向いて言った。

「わかる気がするよ。でもエリカはちょっと考えすぎだな。エリカは一ヵ月しか日本にいないんでしょう？　その間に何も変わったりしないし、今までのことだって消えたりなんかしないよ。エリカの時間はいったん止まっても、また帰ってきたときに動きだすんだ。そうしたら、またみんな八月から一緒だよ。また一年間ずっとね」

「そうか……そうだよね」ヴァルプの言葉をきいて、少し気分が落ち着いてきた。「きいてくれてありがとう。ごめんね、変なこと言いだして」

「ねぇ、そういえばエリカって……」ヴァルプが話を続けた。「『ありがとう』や『ごめん』を連発するよね。日本人だからそんなにていねいなのかなぁと思ってたんだけど、やたらにごめんねってあやまるのは、やめてもいいんじゃない？　ちっともエリカのせいじゃないこともあやまってるの、気がついてたんだ。いったい何をそんなにこわがっているの？」

「何をって……」ハッとしてヴァルプを見た。そういえば、「あやまらなくていい」とは、入学したばかりの頃、エーヴァやサトゥにも言われたことがあった。ヴァルプは、私のひたすらあやまる癖が、何かを恐れる気持ちからきていることを見抜き、「もうこわがらなくていい」と言ってくれているようだった。

「わかった、そうしてみるよ。ここには私をおびやかすものは何もないんだもんね」

しかし、夏休みを経ても、何も変わらないわけではなさそうだ。五月も半ばを過ぎたある日、ファルザネがとても沈んだ顔をして言った。

「私、転校することになったんだ」

「えっ……？」

ファルザネは家族の都合で、終了式を最後に南の町に引っこすという。大切な友達のファルザネが転校してしまうなんて、そんなことなら終了式の日など来なければいい、とさえ思った。

それでも、とうとう高校での一年を締めくくる日がやってきた。別れを惜しんでいる私とファルザネをよそに、生徒たちは「やっとしばらくの間、学校から解放される！」とばかりに浮かれきっていた。

その日は授業もなく、つい最近あった五学期の試験の答案が返された。合格できたかどうか気になっていた生物の試験の結果を、私はドキドキしながら待っていた。タルヤに名前を呼ばれて答案を受けとると……5という数字が大きく丸で囲まれていた。むずかしい試験だったが、なんとか合格していたのだ。

「やった、パスできた！」うれしくなってマルヤマイヤの方を振り向いた。「勉強教えてくれてありがとう！　おかげでパスできたよ」

「どういたしまして」マルヤマイヤも満足そうに、10と書いてある答案をにぎっていた。

試験の返却が終わったあと、先生と生徒は全員ホールに集まった。校長先生のあいさつが終わると、校長先生と副校長先生が、何やら物のぎっしり詰まった箱を運んできた。

「何がはじまるの？」小さな声でたずねると、となりにいたハンナレーナが教えてくれた。

「今年一年間、特に成績の良かった生徒が表彰されるんだ」

「ふうん、それならたぶん校内で一番成績の悪い私には、縁のないことだね」と、私は前を向きなおった。各教科で成績の良かった人たちが名前を呼ばれ、次々と賞品を受けとりに前に出ていった。アンやヴァルプもそれぞれ、イタリア語や生物で表彰され、

「すごいよ、おめでとう！」私も大きな拍手を送った。そのとき、

「タカハシ、エリカ！」自分の名前をきいたような気がしたが、そんなわけはないとヴァルプが賞品にもらった本をながめていると、ヴァルプとハンナレーナが興奮した顔をして言った。

「エリカ、何してんの！　呼ばれたんだよ、表彰されたの！」

「え？　えっ？　うそ……！」人ごみをかきわけて、急いで校長先生のもとへ走った。

「エリカー？　いないのかしら……」校長先生が首をかしげたので、ここです、と走りながら手を振った。私の姿を見つけた先生は、微笑んで話を続けた。

「エリカは、彼女にとってまったく新しい外国語だったフィンランド語でよく勉強し、この一年間でたくさんの単位を取ることができました。そこで、エリカの一生懸命な態度やがんばりを称《たた》えたいと思います」

校内に大きな拍手が沸きおこった。息を弾ませながら前に出ると、副校長先生が「おめでとう」と、満面の笑みを浮かべて白い封筒を手渡してくれた。

校長先生も、「よくがんばりましたね」と言って握手を求めてきた。白い封筒には、三百マルッカの賞金が入っていた。夢でも見ているような気持ちになった。

「おめでとう！　えらいよぉ、よくがんばったねぇ」式のあと、管理人のセイヤや、いつも掃除

をしてくれるおばさんたちが、私の手を握って自分のことのように喜んでくれた。

「ありがとう」セイヤたちの笑顔を見て、私はとてもうれしい気持ちになった。

「来年もその調子でがんばってね。楽しい夏休みを！」セイヤは去りぎわに手を振った。

「おめでとう！」セシリアや他のみんなも祝ってくれた。

「賞金の金額はそれほどたくさんではないけど、それより表彰されたってことがすばらしいよね」ハンナレーナが言った。

「毎年こんな賞はなかっただろうから、『エリカ特別賞』みたいな感じなんだろうね」ヴァルプも笑いながら言った。

「でも私、成績が良かったわけじゃないのに……」まだ不思議がっていると、ヴァルプが続けて言った。

「いや、他のフィンランド人の生徒に比べて成績が良いとか悪いとか、そういうことじゃないんだよ。エリカがフィンランド語がほとんどできないとこから、この学校で勉強をはじめて、一年間がんばって勉強して、他のフィンランド人の生徒みたいに、単位をたくさん取れたということがすごいっていうことで、賞が贈られたんだよ。エリカのがんばりが認められたんだね」

私のがんばりが認められた——。確かに私自身も努力はしたが、それだけでここまでやってこられたのではなかった。理解ある先生たちのサポートや仲間思いの友達が、いろいろな面で支えてくれたからこそ、私はこの一年間やってくることができたのだ。賞をもらったあと、そんな人々への感謝の気持ちで胸がいっぱいになった。

そして、別れのときが来た。ファルザネは入学以来、いつも一緒にいた親友のひとりだった。彼女はいろいろな価値観や、ちがう文化について教えてくれた大切な人でもあった。お腹を抱えて笑いあった日々を思うと、彼女なしの学校生活が秋からはじまるのが、私には想像できなかった。生徒たちが帰ったあとの校庭に、さみしそうな影が二つ並んだ。

「ぜったいまた会おうね。会いにいくから」しっかり抱きあうと、最後の約束をかわした。

「じゃあね……」背中を向けて歩きだしたファルザネは、泣いていた。一年間ずっと一緒だったが、彼女の涙を見たのは、それが初めてだった。

夏休みがはじまった。フィンランドの夏はとても美しく、涼しいというところは北海道の夏ともよく似ていたが、ちがっていたのはロヴァニエミの夏は一日中明るいということだ。六月の終わり、夏至祭前後の白夜の時期には、一日中真っ暗な冬とは逆で、一日中太陽がしずまないので、鳥のさえずりも夜中までできこえていた。

休み中、なつかしいデリヤの家を訪ねたとき、彼女は二年前に私が家族とフィンランドを訪れたときの写真を見せてくれた。そのとき父が撮ってくれたデリヤとのツーショットを見て、啞然としてしまった。デリヤの横で、私はにっこりしているつもりだった。ところが、私の目は心の闇を映しているように真っ黒で生気がなく、一点の輝きすらなかった。唇もふてくされているようにぎゅっと結ばれていて、にっこりしてるというよりは、どこか具合でも悪いのか、または世界の終わりを目のあたりにしてしまったあとのような、暗い顔をしていた。

「実はね、私あのとき、エリカはお父さんに留学を勧められてるだけで、エリカ自身はちっとも留学したくないのかと思ってた。だって、一度も笑顔を見せなかったから……。あのあと、あなたから手紙をもらって、初めてあなたにそんなに熱意があったことを知ったんだ」

この表情では、デリヤがそう思うのも無理はなかった。あの頃の私は、自分の感情を外に出せない人形のようだった。

その日の夜、最近友達と一緒に撮った写真を、テーブル一面に並べてながめてみた。さっきデリヤに見せてもらった写真の表情とのちがいに、あらためておどろかされた。同じ人かと疑うくらい、今では表情がやわらかくなっていたのだ。友達と肩を並べて撮った写真の中で、私は誰が見ても本当にうれしそうな顔をしていた。口だけではなくて、顔中で笑っていた。とりわけ目が生気を取りもどしたように澄んでいたのだ。フィンランドに来たあとの新しい自分が、私はとても好きだった。

思えば一年前、フィンランド語が片言しか話せず、上手に笑うこともできず、自分に自信も持てずにいた私は、たった一つ、フィンランドに留学したいという夢だけを持って、霧の立ちこめるロヴァニエミまでやってきた。そんな私をライヤさんが、ウリニヴァ一家が、学校の先生や友達が、光の射してくる明るい水面へと導いてくれた。腕を伸ばしてのびのびと生きていくために必要なもの、すべてを与えてくれて、それをさえぎるゆがんだ窮屈な物の見方や枠を取りはらってくれた。ここへ来て、誰に強制されることもなく、誰に干渉されることもなく、在るがままに在ることを、初めて私は許された気がした。

「大成功したよ！」という言葉を、一時帰国したら両親に伝えようと思った。

Toinen vuosi

二年目

確かな自分がここにいる

思考する学校生活

なつかしい北海道のふるさとでは、一年ぶりに再会した父と母が、「小学校の頃の明るさを取りもどしたようだね」と言っていた。

そうして、おだやかに夏休みを過ごしたあと、フィンランドでの二年目がスタートした。一年目と比べれば、学校のシステムにもフィンランド語にも慣れてきていることを実感していた。国語は順調に単位を取ることができ、三コース目に進んだ。一コースで読書感想発表をしたように、三コースでは主な課題として、フィンランドの作家の短編を十作品読み、それぞれの作品の世界観を文章に表したものをまとめる、「ポルトフォリオ」というものを作ることになっていた。まったく初めての課題だったので、先生に一つ一つやり方を教えてもらった。

「エリカはトーベ・ヤンソンの本が好きだったね。ムーミンの話ではないけど、彼女の短編集は、図書館で見つかると思うから、借りて読んでごらん」

トーベ・ヤンソンの本は、ムーミン以外の本も読んでいたが、短編集があることは知らず、さっそく図書館できいてみた。何冊もある中から『人形の家』という題の短編集を借りて、それについてポルトフォリオを作ることにした。

「十作品っていうのは、フィンランド人の生徒に出した課題だから、エリカは無理しなくてもいいんだよ。八作品でも十分なくらいだよ」そう言って、トゥーラは私に配慮してくれたのだが、そう言われるとかえって、十作品読んでトゥーラをおどろかせたいという気持ちになった。短い話なら十作でもきっと読めると思うし、ヤンソンの本は課題に出されなくても読みたいものだと思った。

一年目とちがい、全部の単語を辞書で調べるということはしなくてもよかったが、それでも辞書は手離せなかった。わからない単語を調べるたびに、紙に単語とその意味も書いてリストを作り、一度調べた単語をもう一度調べなおすことのないようにした。一作品読み終わるたびに、分析して感想を文章にまとめ、ついに十作品分の課題がファイルにおさまった。

ポルトフォリオが完成した次の日、できあがったばかりのファイルをトゥーラに渡した。

「何作品分できた？」

「十作品分！」私が答えると、

「本当に？　よくがんばったわね」トゥーラは目をみはった。

学期末には、ポルトフォリオに採点とメッセージが添えられて、生徒一人一人に返された。私のポルトフォリオは、文法的な面と内容が別々に評価され、それぞれ5と8という評価がついていた。文章はまちがいだらけだったが、私の伝えたかったことや言いたかったことは、トゥーラに伝わったということらしい。

「エリカは去年ほんの数行しか文章を書くことができなかったのに、書く力がずいぶん向上してるわ」トゥーラは今度は教室の他の生徒に向かうと、こう言った。

「みんな考えてみてよ！　日本人の女の子がフィンランド語を勉強するって、どんなにむずかしいことだか想像できる？　それもたった一年でここまで上達するなんて……。信じられないわ！」教室にいるみんなも、笑顔で私の方を振りかえった。一年生の最初の時期から私の国語を受けもってくれたトゥーラに、そんなふうに言われたのは、大きな自信になった。


多くの人がキリスト教、その多くがルター派を信仰しているフィンランドでは、学校でも「宗教」は必修の科目だ。だが当然、別の宗教を信仰している人もいれば、無宗教の人も少数ながらいて、その人たちのためには「倫理学」という別の教科が用意されていた。私は特に信仰している宗教もなかったので、この倫理学を二年生の一学期に取ることにした。倫理学という言葉を辞書で調べてみると、

「道徳やモラルの起源・発達・本質などを研究する学問……？」なんだかやたらとむずかしい印象を受けてしまったが、実際の倫理学の授業は決してかたいものではなかった。何が正しくて何がまちがっているのか、自分の道徳心を基に自分の考えをまとめ、そう思うのはなぜかとさらに

自分に問いかけて、他人のさまざまな意見をききながら、自分なりの答えを見つけていくというのがこの教科のねらいだ。倫理の先生は、おだやかな人柄で、年配なのにお茶目なところがある副校長のタイナ先生だ。クラスには二十人くらいの生徒が集まっていた。

授業では、いろいろな社会的な問題について自分の意見を述べあった。一応、教科書もあったが使うことはまれで、授業では常に話しあいが行われた。話しあいのテーマには、いつも興味深いものが取りあげられた。

「みんなも知っているように、フィンランドにはすでに大勢の外国人が住んでいます。私たちの学校にもエリカをはじめ、何人も留学生がいますね。彼女たちは、異文化について語ってくれたり、新しい価値観について教えてくれて、私たちの心を豊かにしてくれます。学校や国が国際的であるというのは、とてもすばらしいことです」タイナ先生が、私の方を向いてにっこり笑った。「でも、国際化にはリスクもつきものです。最近では移民による犯罪も増えてきました。そこでみなさんの意見をきかせてほしいのだけど、これからもどんどん外国人を受けいれてもいいのでしょうか。それとも受けいれない方がいいのでしょうか。みなさん、意見がまとまったら手をあげてください」

先生はそう言うと、外国人の犯した犯罪についての新聞記事を資料として生徒に配った。記事に目を通した生徒の中から、さっそく手があがりはじめた。

「私はこれからも外国人をどんどん受けいれていいと思います。フィンランドには、まだ人が住んでいない土地がたくさんあるから、難民の人たちをフィンランドが進んで受けいれるべきだわ。もちろん、留学生たちも大歓迎です。ちがう国の出身の彼らから、私たちが学ぶことはとても多いですから」そう言ったのは、外国人の友達が多いリーッカだ。

次に、アンナマリが手をあげた。

「私は、これ以上膨大な数の外国人を入れない方がいいと思います。移民や外国人による凶悪事件が増えているのは確かだし、これがエスカレートすると国の治安も悪くなるかもしれない。フィンランドの人口はもともと多くはないから、あまりに無制限に外国人が入ってくると、フィンランドの文化や国自体が変わってしまうんじゃないかな」

「なるほど。確かにそうだよなぁ……」それをきいて、私も妙に納得してしまった。

アンナマリは、別に外国人が嫌いなわけではなかった。英語の授業でペアになって勉強をしたときも、私にとても親切だった。ただ彼女はフィンランドという国が好きだから、他国の影響を受けすぎて悪い方向に変わってほしくないと願っているだけなのだ。フィンランドはとても平和な国だが、深刻な問題の一つである覚せい剤問題に外国人が関わっていたり、悲惨な暴力事件などの犯人が実は外国人だったりということも少なからずあり、外国人によってフィンランドの治安が悪くなっていると言えないこともない。

話しあいはそのあとも、他の人の意見をさえぎらずに最後まできくというルールをしっかり守りながら、賛成派と反対派の間でくり広げられた。ほとんどの人が賛成派だったが、少数でもしっかりと意見を述べている反対派の人たちに私は感心した。

「エリカはどう？　あなたは、フィンランドでは外国人の立場にいるわけだけど」先生が合間に、私に意見を求めた。

「外国人として私は、フィンランドに外国人を受けいれようと言ってくれる人がいるのはうれしい。けど、反対派の人の意見もとても納得できる……」

授業も終わりに近づいたので、先生が締めくくった。

「私もね、どっちが正しいかなんてわからないわ……。わかってたら、この社会問題は解決してしまっているわね」と、先生が笑った。先生はこの話をうまくまとめようとはしなかった。ディベートの話題を持ちかけても、「正しい答え」など用意しなかった。先生は誰の意見も変えようとはせずに、本当に自由に生徒たちに語らせた。そんな授業風景は、倫理学に限ったことではなかった。フィンランドの若者が、「自分の頭で考えることができる大人」になれるのは、こういう授業の形が大きく影響しているからなのだろう。「他の人の意見にあわせる必要はない。ただ自分の考えはきちんと持って、問われたときは、感情的にならずに、説明できるようになろう」ということの教科の目標は、生徒一人一人の個性を、これ以上ないほどに大切にしたものだった。

ヤパニ（日本）という国

ある日、私は廊下でタルヤに呼びとめられた。

「日本の話をしに、地理の授業に来てくれない？　今受けもっている第二コースで、世界の文化について勉強していて、ドミニカ共和国に留学していた子とベルギーから来ている交換留学生が、それぞれの国の文化について話してくれたんだけど、私はぜひエリカの日本の話がききたいのよ」

日本の文化と言っても、学校や暮らしなど普段の生活について話せばいいとタルヤが言ったので、あまりむずかしく考えずに話を引きうけることにした。具体的な内容については自由に決めていいと言われたのは、私には都合がよかった。フィンランドの人に日本をもっと身近に感じてほしいと、日頃から思っていたからだ。

フィンランドの人が日本について知っていることと言えば、サムライ、ゲイシャ、カミカゼなどという古めかしいものが並ぶだけで、日本が東洋のエキゾチックな国でしかないのは明らかだ。ここで人々が想像するような日本は昔のもので、すっかり西洋化した最近の日本は、フィンランドの人が想像する以上に、フィンランドとも共通点の多い国なのだということを伝えようと思った。それには、若者の暮らしについて話すのが、共感を得るうえで一番いいと考えた。私自身の趣味について語るだけでも、きっと日本を今までよりずっと身近に感じてくれるだろう。そうして、夏休みに日本で撮ってきた写真やお気に入りのＣＤ、音楽雑誌などをかばんに詰めこんで地理の授業に備えた。

その日の地理の第二コースの授業は、倫理学の授業と重なってしまったのだが、地理の授業に特別ゲストで呼ばれているのだと話すと、タイナ先生も快く許可してくれた。

教室に入ると、ティーナやヴェーラなど知っている顔がいくつも並んでいて、少し安心した。まずは、自己紹介をして地図で日本の位置を見せたあと、日本の写真をスライドに映しながら見せることにした。

「知っている人も多いと思うけど、東京は世界でも有数の大都会です。東京の人口は千二百万人以上。つまり、フィンランドの人口の二倍以上の人がそこに住んでいるんです！」

きいている人が、唖然としているのがわかった。想像できない、とつぶやいている人もいた。私が何か言うたびに、とても素直なリアクションが返ってきた。

「でも、私の住んでいた北海道というところでは、冬には雪もたくさん積もるし、気候もわりとロヴァニエミと似ています」ふるさとの風景の写真を見せると、

「背景の山がとてもきれいね」と、タルヤが言った。

Ｊロックという日本特有のジャンルの音楽をきかせたくて、持ってきたお気に入りのＣＤもかけてみた。日本の音楽といって古風な音楽をかけると、あまりにも異国の雰囲気が漂ってしまうので、あくまでも「日本を身近に感じてもらう」という目的で新しい曲を流した。曲をかけているときに、何をしようか迷っていると、タルヤがリクエストした。

「何か日本のあいさつの言い方を教えてくれない？」

黒板にローマ字でKonnichiwaと書くと、見ていた生徒が口々に発音しだした。

「コンニチワ、ね。みんな、これを地理の試験に出すから覚えておくように！」と、タルヤが冗談っぽく言うと、教室は笑いに包まれた。

「日本の高校生とか若い人たちって、休日はどんなことをして過ごすの？」同じＤクラスのテームという男の子が質問した。

「まぁ、人それぞれだけど、例えばここでもそうするように、友達とショッピングに出かけたりするかな。でも塾や学校の部活動で、休日がつぶれちゃうこともめずらしくないだろうね」

「あぁ、ジュクってきいたことあるよ。日本では、学校以外の場所でも子どもたちが勉強するんだろ？　すごい熱心だよねぇ」テームが続けた。そういえば、ここでは塾の話は耳にしたことがない。受験競争が激しくないのか、学校で十分な学力を養える授業を行っているからなのか。どちらにしろ、フィンランドの子どもたちは、学校がない時間は、趣味などの好きなことに興じることができるようだ。

その他にも、お正月などの日本の年中行事について話をしたり、フィンランドでも人気があるらしい日本のアニメなども紹介してみた。

授業の終わりには、折り紙で鶴やカエルを折って見せた。みんながとても真剣な目をして、私の手の動きを目で追っていた。そして手の中に折り鶴ができあがると、「わぁ……」というため息がもれた。

「すごいわね！　はさみものりも使わずに、一枚の紙でいろんなものが作れるのね」タルヤも感心して言った。

「これで終わります。きいてくれて、ありがとう！」と言って終えると、あたたかい拍手が沸きあがった。

授業が終わると、ヴェーラが目を輝かせてそばに来た。

「すごくよかった！　エリカが折り紙を折ってる様子なんか手品みたいだったよ。他の人もみんなびっくりしてたよ」ヴェーラはとても感動しているようだった。「今度、私にもカエルを折ってくれない？」

私が折ったのをあげるよ、と言って折り紙のカエルを渡すと、ヴェーラはとてもうれしそうな顔をした。

「とてもおもしろい授業だった」そばに来たティーナも言った。「ぜひ私も日本に行ってみたくなったよ」

彼女たちの感想をききながら、外国で日本について語るときは、その気がなくとも結果的に日本を代表しているということを自覚しなければならないなと思った。

古き者のダンス

二年生になってから、女の子たちが積極的に男の子に話しかけている姿を、よく目にするようになった。二月のダンスパーティーに向けて、みんな必死でパートナーを探していた。普通なら、男の子の方からダンスに誘うべきだが、女の子の方が積極的で人数も多いため、結局女の子の方から切りだす方が一般的になっていた。

「エリカはもうパートナー決まった？　もたもたしてると、学校中の男の子が売約済みになっちゃうよ」早いうちに行動し、一番乗りでパートナーをゲットしたヴァルプがきいた。

「いやまだ……。私と踊ってくれる人なんて、いるのかなぁ」

知らない男の子に、とつぜん声をかけてパートナーになってもらうというのは、むずかしいように思うし、試しにやってみるにしてもとても勇気のいることだ。

「そんなの探してみなきゃわからないじゃない。エリカだって、踊りたいんでしょう？」

「そりゃあもう、すっごく……！」

「だったら、自分から行動を起こさなくちゃ。一生懸命探せば、きっとパートナーになってくれる人が見つかるよ」

確かに、何かをするまえから嘆くなど、自分らしくないと思いなおし、勇気を出して男の子たちにきいてみることにした。なかなか相手は見つからなかったが、リーサの友達のシモンが相手をしてくれることになった。

ところがレッスンがはじまる前日になって、シモンは急な用事でダンスに参加できなくなったとあやまってきた。急に別のパートナーを見つけることもできず、ダンスのレッスンがはじまる日を迎えてしまった。

「まぁ、いいさ。踊れないならそれも運命だ、きっと……」落ちこむ自分にそう思いこませて、朝の授業のまえに、ダンスパーティーには参加できなくなりそうだとハンナレーナに話した。

「いいの？　あんなに楽しみにしてたのに。今からすぐにパートナーを探してみれば、きっとまだ……」

「無理だよ。今日の午後からダンスの練習がはじまるんだよ？　しかもこの時期、踊れる男の子は一年生だってもうみんな予約済みだよ」仕方がないと、私は自分に言いきかせた。

朝の国語の授業で、マルヤマイヤにも同じ話をした。

「なんとかならないかなぁ……」彼女も親身になってくれたが、もうどうしようもないことはわかっていた。体育の先生には、パートナーが見つからず参加できなくなったと言いにいかなくては、と考えていた。

だが、なんという幸運だろう！　昼休みになると、私のパートナーが見つかっていた。ドイツからの交換留学生のパウルがパートナーがいなくてこまっているとエンマに相談しているのを、偶然小耳に挟んだマルヤマイヤは、私のことを持ちだして話をまとめてくれたのだ。

「なんとお礼を言ったらいいのかわからないよ。本当に本当にありがとう！」

「私もエリカが踊れることになってうれしいよ。今日から一緒に練習がんばろうね」彼女にどれほど救われたのかを伝えようとする私に、自分のしたことはなんでもないよとでも言うように、マルヤマイヤは笑った。

昼休みのうちに、私はハンナレーナやヴァルプに報告した。

「えっ、もうパートナーが見つかったの？」ハンナレーナがびっくりして言った。

「しかも、あのハンサムって評判の交換留学生のパウルと⁉」ヴァルプも目を思いきり丸くした。

「そうなの。私が一番信じられないよ……。まだ夢を見てるみたい！」一度はあきらめなくてはならないかと失望していたのに、急に正式にダンスパーティーに参加できると決まったことがうれしくて興奮している私を見て、ヴァルプとハンナレーナが笑った。

「それにしてもラッキーだったね。エリカたち、きっと学校一かっこいいペアになるよ」ハンナレーナが言った。


ダンスのコースは体育の一環として行われ、指導も体育の先生たちがすることになっていた。さっそく、メヌエットというダンスから練習をはじめることになり、体育の先生たちが体育館の真ん中で踊りながら手本を見せた。

「ゆっくり三歩歩いて、つま先で三回床に触れる。男女で踏みだす足がちがうから気をつけて。女の子は左足から、男の子は右足から！」先生がはきはきと大きな声で指導した。「そのあと、男の子に手を引かれながら女の子は一度くるりとまわって、お互いおじぎをして！　はい、これを何度かくり返すよ」

次にいよいよ音楽をかけて踊ることになった。クラシックな雰囲気の曲が流れ、体育館が一気にダンスパーティーの空気に染まった。

「あせらないで、ゆっくり優雅に動いて！」女の先生が注意した。

つま先までスラっと伸ばした足を前に踏みだしては、心地よいムードに浸っていた。なんてすてきなのだろう……。フォークダンスとはちがって、気分までしとやかになってくる。去年から夢見ていたダンスは、想像以上のものだった。

一時間の授業が終わる頃には、全員メヌエットを踊れるようになっていた。

「僕、今までダンスなんて踊ったことなかったんだけど、今日のはけっこうかんたんで安心したよ」パウルがホッと胸をなで下ろしていた。

それからは、ワルツ、チャチャチャ、ロックなど次々と新しいダンスを覚えていった。タンゴではフォークダンスのように次々とパートナーを替えて踊り、ダンスを通して、それまではあまり縁がなかった男の子たちとも話をする機会がとても増えた。

「エリカは、ダンスの方、うまくいってる？」あるとき、ジェームスが話しかけてきた。

「むずかしいところもあるけど、今のところはついていけてる。ジェームスは？」

「俺も、パートナーが仲のいい友達だから楽しくやってるよ。日本の学校には、こういう行事ってあるの？」

「いや、ないなぁ」

ジェームスの両親はアメリカ人だったが、フィンランドで生まれ育ったジェームスは、フィンランド人同然だった。男女関係なく友達がたくさんいて、いつも賑やかなグループの中心にいるジェームスは、実際話してみるととても気さくな人だった。私にはそれまで女の子の友達の方が圧倒的に多かったが、男の子も同じようにとても親しみやすいことがわかったのが、なんだかとてもうれしかった。

ダンスパーティーに関して、女の子たちにはもう一つの楽しみがあった。ある日、貸衣装屋でヴァルプが着るドレスを見せてもらった。「これだよ」と言ってヴァルプが指差したのは、肩ひもに青いバラが連なっている深い青の美しいドレスだった。

「美容院にも、もう予約してあって、髪形やメイクも全部やってもらうんだ」プロにやってもらうなんてうらやましいと思ったが、そのためにかけた金額をきいて思わず一歩あとずさりした。私は髪形もメイクも自分でするつもりでいたが、美容院に行く人が多いのに自分でやっても大丈夫なんだろうかと心配になってきた。

だが、そんなふうにお金をかける人たちばかりではなかった。おどろいたことに、マルヤマイヤやティーナたちは自分でドレスを作っているというのだ。

「自分でつくると好きなようにデザインできるからいいよ」ティーナが言った。

エンマも、ドレスは知り合いから借り、髪形はお姉さんのアイノにやってもらうと言っていた。自分で何から何までやろうとしている人も、プロにまかせる人も、それぞれ最高の方法でダンスパーティーの日を迎えようとしているのにはちがいなかった。

ダンスパーティーの二日前には、本番と同じ場所で練習した。今年の参加者は約百人で、およそ五十組のペアが校舎の一階のホールを賑わせた。まずは入場から練習をはじめた。

先頭のペアはすでに決まっていて、あとの人は好きな順番に並んでいいことになっていたが、みんな先を急いでなんとか前の方に並ぼうとしていた。一階で踊るときは、二重の輪になって踊ることになっていたのだが、外側の輪にいるペアは二階や三階からは見えにくいのだ。私もできれば内側に入りたいと思ったが、結局うしろの方の外側の輪の列にパウルと並ぶことになった。

「あ〜あ、内側の列に入りたかったのになぁ……」私はがっかりして肩を落としたが、

「そう？　僕はどっちでもいいよ。僕にとっては内側も外側もおんなじだよ」そう言って笑ったパウルを見て、つまらないことにこだわっていた自分に気がつき、恥ずかしくなった。

ダンスパーティーで観衆の注目を浴びることは、おまけにすぎない。一番大切なのは、どれほど自分自身がダンスを純粋に楽しんで踊れるかということだ。踊ることを「楽しむ心」こそがその日を成功させる鍵になるのだと、私もようやく気づいた。

そして、とうとうその本番の日が来た。校内は、前日の飾りつけですっかり舞台ができあがっ

ていた。一年生やダンスに参加しない二年生たちはまだ授業中で、あまり人のいない校舎で、私は上を見あげながらその雰囲気にひたっていた。

　廊下で国語の先生のトゥーラやいつも掃除をしてくれるおばさんたちが目を細めながら、私のドレス姿をながめた。

「まぁ……なんてきれいなのー！　すてきなドレスねぇ」

「今日はがんばってね！」

　ありがとう、と言って私はにっこり笑った。

「あ、エリカー！」登校してきたエンマが、校舎の入り口で手を振った。袖の先がフレアで落ちついた茶色のドレスをまとったエンマは、まるで本物のお姫様のようだ。

「すごーい！　これが、知り合いに借りたってドレス？　すっごくよく似合ってるよ！」

「ありがとう。エリカだってとてもすてきだよ」エンマが少し照れた顔をして言った。

　しばらくすると、豪華な衣装に身を包んだ他のダンサーたちも登校してきた。男の子は黒のスーツに蝶ネクタイをしているせいか、いつもよりハンサムに見えた。華麗な燕尾服《えんびふく》で決めている人もいた。なかには、女の子の豪華なドレスとも張りあえるような十八世紀の貴公子を思わせる格好をしている男の子もいて、羽根をあしらった大きな帽子や首もとのおしゃれな白いレースの襟が、観客や他のダンサーの注目を集めていた。

女の子の衣装は色もデザインもさまざまだったが、全体的にきらびやかな青やえんじ色、緑色の布で作られ、スカートの中にボリュームを出す骨組みが仕込まれているドレスが多かったので、シルッカさんのお手製のスラっとしたデザインのドレスはかえって注目を集めた。

「パウルー！　エリカー！　もうすぐはじまるから、スタンバイするよー！」体育館へ通じる廊下の入り口で、エンマが呼ぶ声がした。

「いよいよだ……」私は深呼吸をすると、パウルと一緒に列に並んだ。

生演奏の楽器が奏でるやわらかな旋律に体をあずけて、揺れ、まわり、踊りながら、みんなで十八世紀の宮殿へタイムスリップしているかのような錯覚を覚えた。はじまる直前は、あれほど緊張していたのに、今はパウルも私も他のみんなも、ただひたすら踊りを楽しんでいた。

大好きな踊りの前奏が流れると、私はうきうきして体をリズムにあわせて揺らした。女の子たちのドレスのすそがひるがえり、くるくるまわりながら、蝶のように舞った。今この瞬間にも、来年は自分もダンスパーティーに参加したいと思っている一年生がいるのかな、とそんなことを考えながら、この一瞬一瞬をしっかりと心に焼きつけていた。

十三曲目を踊り終わり、拍手喝采《かっさい》になった。両腕を伸ばしながら、

「ついに終わった……！」と、私は惜しむように言った。すると、楽団がまたワルツを演奏しはじめた。

「あ、まだ最後のワルツがあったんだ」一番最後のワルツでは、観客も誘いだして好きな人と踊っていいことになっていた。自分も誰かパートナーを見つけなくちゃとあわてていると、ヘイニのパートナーが私をダンスに誘ってくれた。

彼とワルツを踊りながら、ふと周りを見ると、パウルがガールフレンドと一緒に踊っているのが見えた。エンマやセシリアは見にきていたお父さんと、ヴァルプはお兄さんと踊っていた。なんてすてきな時間なのだろうと、私は幸せな気持ちをかみ締めて目を閉じた。すると、パートナー探しのことや練習の日々がまぶたの裏に浮かんできて、夢のような日々を過ごしてきたことを実感していた。

家に帰ると、シルッカさんが着替えを手伝ってくれた。ドレスを一度脱いだらもう二度と着ることはないのだと思うと、とても名残惜しかった。

「貸してくれて本当にありがとう。たくさんの人に『すてきなドレスね』って褒められたんだ。知らない人からも言われたんだよ」私がシルッカさんに話すと、シルッカさんは満足そうに微笑んだ。

「これでダンスパーティーは終わってしまったけど、習ったダンスは社交的な技術として身についているから、きっとエリカもいつかまたどこかでワルツやタンゴを踊る機会があるわよ」シルッカさんが言った。

週末を経て、月曜日からはまたいつもの毎日がはじまることになっていた。ダンスパーティーという大きな行事を通して一体感を持った二年生たちを、私は以前にも増して大切な仲間だと思うようになっていた。

フィンランドの内側

ある日リーサと町で買い物をしていると、偶然リーサの大学のスペイン人の友達に会い、立ち話をした。一年間の短期留学生の彼女は、人見知りする様子もなく、初めて会ったばかりの私にもとてもフレンドリーだったが、意外にも留学生活についてはこう語っていた。

「フィンランドは嫌いじゃないけど、冬は暗くて寒いし、フィンランド人ってすぐに打ちとけられなくて、本当に仲良くなれるまで時間がかかるから、さみしくてスペインが恋しくなることが多いんだ」

南ヨーロッパ出身の明るい彼女になら、友達などすぐにできてしまいそうな気がしたが、孤独を感じるなんておかしな話だと思った。彼女は、フィンランド語と母国語のスペイン語はまったく似ても似つかない言葉で、習うのもしゃべるのも大変できついとも言っていた。そんな彼女に、私がフィンランドが大好きでまだ何年もここにいたいことを告げると、彼女は本当におどろいた顔をした。

「よくそんな気になれるね。たくましい」高校でたくさんのあたたかい人たちに、最初から隔てなく迎えいれてもらった私には、なぜフィンランド人に「打ちとけにくい」というイメージがついてしまうのか、どうしても理解することができなかった。

大学の留学生たちは、学生アパートで他の留学生と一緒に暮らしていて、ホームステイしてじかにフィンランドの暮らしを体験できる高校の留学生とは、ちがう環境にあるようだ。きくと、大学の中でも留学生同士集められてグループができているという。そのような状況では、フィンランド人の友達がなかなかできなくても、不思議ではないのかもしれない。


それに加えて、大学と高校の留学生たちの大きなちがいは、大学生は留学する時点で大人の年齢に達しているということなのだろう。彼らはそれぞれ母国で自分の自我を確立していて、海外に留学しても留学先を「外国」という先入観を持って見てしまうようだ。だがそんなふうにして外側から見ようとしても、フィンランドの人々の良さというものは、なかなか見えづらいのだ。

フィンランドの人々は、愛想笑いを浮かべたりお世辞を言ったりということをあまりしない。彼らはとてもストレートで、良い意味でマイペースで、自分のことを良く知っているため適度な自信もある。だからきっと傍《はた》から見たら冷たい感じがしたり、自分たちのことにしか興味がないように見えてしまうのかもしれない。しかし、まさにそこがフィンランドの人々の良いところでもあるのだと思う。

ここで出会った人々の笑顔や言葉は、どれも等身大で本物だ。いつも本音で語りあい、しっかりと相手の目を見て話をする。笑顔も言葉も、その場の雰囲気にあわせてとり繕ったものではない。だから、彼らは自分に対しても他人に対しても、素直でまっすぐでいられるのだ。そんなフィンランドの人々の良さは、自分が無意味な先入観を捨てて、人間同士対等に向きあって初めて気がつくものであり、内側に入ってからやっと見えるものなのだ。本来、異なる文化を持つ人々とわかりあうためには、相手がどこの国の人であろうとそうするのが、一番良い方法なのだろう。

多くの大学の留学生がそうするように、留学生同士集まって毎日のようにパーティーをして一年間を過ごしても、本人がそれで楽しかったと言えるなら、それはそれでいいのかもしれない。少なくとも、フィンランド人やフィンランドの生活になじめずに、孤独を感じて過ごすよりはずっといいだろう。だが、彼らがフィンランド人に対して「誤解」をしたまま母国に帰っていってしまうのだとしたら、なんだかとても残念に思う。

初心を忘れないために

春になり、二年目の学校生活もまたたく間に終わりを告げようとしていた。フィンランド語に慣れるにつれて、各教科での成績も一年目と比べると上がってきていたのだが、いまだにどうしようもなく苦手な教科が英語だった。

これには、小学生のうちから英語を学んでいるフィンランドの生徒の英語力が、とても高いということもあるが、英語という言わば国際公用語が、フィンランド語を身につける妨げになってきた例をいくつか見てきたことも、多少なりとも影響しているのかもしれない。英語を母国語とする、あるアメリカ人の交換留学生が、フィンランド人はみんな英語ができるからフィンランド語を学ぶ必要はないと言っていたこともあれば、英語が母国語ではない人が手始めに英語を克服しようとしているうちに英語で手いっぱいになり、学びたい意思があったにもかかわらず、フィンランド語を学ぶ余裕をなくしたケースもあった。そうしたケースを見ているうちに、英語に対しては知らず知らずのうちに拒否反応を持つようになってしまったようだ。学校の英語の成績も極端に悪かったので、本当に英語が苦手になってしまった。フィンランドに来てから、フィンランド語も英語も、日本にいたときに比べればずっとわかるようになっていたはずだが、どちらも半端だった私にとって、「フィンランド語で英語を勉強する」ことはとてもむずかしく、授業中もペアになって英語のテキストを辞書もなしに一単語ずつ正確にフィンランド語に訳すのは至難の業《わざ》だった。そんなわけで、いちいちフィンランド語でなんと言うのかたずねる私に、相手はしびれを切らすこともあった。

「ねぇ、日本語で訳してごらんよ」苦笑しながら冗談のつもりで言われたことがあった。普段から仲の良い彼女が、嫌みで言ったわけではないのは十分わかっていたが、自分が彼女の英語の勉強の妨げになっていたことを実感し、気が滅入《めい》ってしまった。

だが、それと同時にあることに気がついた。たくさんの人に「フィンランド語上手」と言われつづけ、どうやら少し自惚《うぬぼ》れはじめていたようだ。会話を不自由なくできるようになった最近では、「フィンランド語を十分話せるようになった」という錯覚を持っていたのかもしれない。だが、これで十分だなんてとんでもない話だ。

教科書を訳そうとするたび、英語はもちろん、フィンランド語でさえ語彙があまりにも少ないことを痛感していた。特に、五学期の英語の先生はきびしい人で、あまり私に気を配ってくれる人ではなかった。しかしそのことで、フィンランドの高校で勉強するには、フィンランド人と同じフィンランド語力が求められていることに改めて気づかされたのだ。

遅かれ早かれ私は、高校の卒業試験という壁に直面し、それを突破しなくてはならない。それなのに、この時点でもうフィンランド語は十分できると自分に満足してしまったら、それ以上高めることなどできなくなってしまう。今、初めて目の前にある壁に気がついたような思いだった。

いつまでも向上心を忘れないために、私は新たな目標を掲げることにした。

「フィンランド人のようなフィンランド語力を習得する」

それは日本で生まれ育った私には、非現実的な目標かもしれないが、初心をいつまでも忘れないためにも必要なものだ。努力を重ね、いつかきっとあの高い壁をうち破る。ハードではあるが、突破しがいのある壁だとも思った。

Kolmas vuosi

三年目

動きはじめる「今」

フィンランド人の意識

三年生になった八月、私は自分の卒業計画をもう一度見なおしてみることにした。入学当初は、高校は三年間で卒業するものだと思いこんでいたが、多数の友達が三年半や四年間かけて卒業する選択をしていて、他の選択肢があることを知った今では、本当に三年間で卒業を目指すべきか、計画を見なおしてみる余地があった。

サンニは今年限りで高校を卒業する予定だと言っていたが、ハンナレーナやヴァルプは三年半、セシリアやエンマは四年間通うことにしていると言う。

「学校以外でもいろいろと活動しているから、一学期にそれほどたくさんコースを取れないんだ。宿題もやりきれないし、試験に向けて勉強する時間も限られているからね」

そう言うセシリアは、歌とピアノの両方を習っているし、ハンナレーナやヴァルプにもアジリティ（犬の調教）という趣味がある。学校だけを一番に考えずに、自分のやりたいことも同じくらい優先させるのは、フィンランドらしい自由で伸びやかな考え方だ。

彼女たちのように趣味はないものの、私にも卒業を延ばした方がいい理由はあった。これまでを振りかえってみて、フィンランド語が一年で目に見えて理解できるようになってきたことを考えると、今年度中に全教科の卒業試験に挑戦するより、卒業を一年延ばし、フィンランド語力をできる限りアップさせ、しかも二年間に分散させて卒業試験に臨んだ方が、賢明な選択に思えた。卒業を引きのばしても、卒業までホームステイさせてもらえるかシルッカさんに確認し、日本の家族や校長先生に了解を得ると、さっそく個人指導のアヌのところへ行き、卒業試験をいつ受けるか計画を立てることにした。必修のフィンランド語、数学、英語、レアーリ（語学や数学を除いたその他の学期末試験のある教科）の他にも、選択で去年習いはじめたドイツ語の試験も受けてみることにした。一度に全部の教科の試験を受けることにならないように計画を練った結果、今年度の三月に、フィンランド語能力が一番問われないと思われる数学の試験を受けることに決めた。

二年生の頃から、専門学校や大学についての説明会が何度かあったが、三年生になると進路に関しての催しものは頻繁に行われるようになった。ここで体験した進路指導は、日本の中学生のときのものとは、まったくちがっていた。高校では、大学や専門学校の一日体験入学に参加する機会を設けたり資料をくれたりしたが、生徒の進路指導をするのは、担任の先生ではなく、個人指導のアヌで、マンツーマンの進路指導も三、四年間でたった一度しか行われなかった。進学するならどこの学校の何科を目指すのか、進学しないなら何をするつもりなのかアヌは質問したが、彼女は決してつよく進学を勧めたりするようなことはしなかった。

「私がどうこう言わなくても、生徒たちは自分が何をやりたいのかわかっているわ」というのがアヌの考えだった。実際、夢がいくつもあって、どの道を選べばいいかわからないという人はいても、やりたいことが一つもなくて、「自分が何をしたいのかわからない」という生徒は、ほとんどいないようだ。

学校の先生たちには、誰がどこの大学を受験するつもりなのか、それを把握する義務はなく、急に志望校を変えたりしても、アヌや担任の先生に言わなければいけないわけではなかった。先生たちにとって大切なのは、一人一人がはっきりとした目標や計画を持っているということで、その代わり生徒が助言を求めてきたときにはできるかぎり援助するという姿勢でいた。

そんなわけで、私も進路に関しては、他の生徒たちのようにとてものんびりと考えていた。まだ来年も一年高校に残るので、くわしくは来年になってからでいいよとアヌも言っていた。だが、大学の一日体験入学には三年生である今年参加することにしていた。卒業後は、大学に進学するということだけは、私も決めていたからだ。

フィンランドへ発つまえから、おそらく自分は、高校を卒業したあともフィンランドに残りたいと思うだろうということは想像がついていた。思ったとおり、高校卒業後に日本に戻るなどということは、もうずいぶんまえから選択肢から外れていた。一年目に限らず、「ここでフィンランドを去ってしまってはもったいない」という気持ちは、三年目の今でも続いていたのだ。そのため、高校を出たあともフィンランドの大学に進むということは、私にとって自然な選択だった。

大学に行こうと思ったのは、高校で興味を持った生物や地理をもっとくわしく学びたいと思っていたからだが、大学や専門学校へ進む以外にフィンランドにとどまる方法は他に見当たらなかったという事情もあり、大学進学は自分の中ではもう決まっていたことだった。

意思が固まってきた頃、メールで日本の家族に報告をすると、父から返事をもらった。

「この留学が絵里香にとって一時のものではなくて、このあとの人生を変えるものになるとは予想がついていたけど、大学まで進むとなると本当にそうなるようだね」

メールの中の父の「留学」という文字を読んだとき、私はふと我に返ったような不思議な感じがした。

「そうか、私は留学していたんだ……」フィンランドに来てから三年目、いつのまにか「留学生」という意識はなくなり、ただ自分はフィンランドでここに暮らす人々と共に生きているのだ、というふうに考えるようになっていた。

オウル大学の体験入学の日。朝七時前に校庭に集合した、まだ寝ぼけ半分の二百人ほどの三年生たちを乗せて、四台のバスはオウルに出発した。セシリアやヴァルプ、ハンナレーナ、そしてサンニと同じバスに乗り、なんだか修学旅行にでも行くような気分で、私はひとりわくわくしていた。

三時間バスに揺られたあと、大学に到着した。北方のフィンランド中の高校三年生がその日に集合したので、大学の中は大勢の人でごった返していて、友達のそばを離れると、とたんに迷子になりそうだった。サンニは医学部、セシリアは史学部、ハンナレーナとヴァルプは化学部の紹介を見に行くため、別々に行動することになった。特に見に行く学部を決めていなかった私は、サンニについていくことにした。高校を卒業したあとは、こんなふうにみんなバラバラになってしまうのかと思うと、たまらなく切なくなった。

セミナーに参加しながら、高校生の私には、大学での勉強は高校の何倍もむずかしいように思えて、少し不安になった。学生たちも大人っぽくマイペースで、高校とはまたちがった雰囲気があった。

バスに乗って移動しているときは、みんなで絶えることなくおしゃべりに花を咲かせた。

「そういえば……」思い出したようにセシリアが言った。「最近、一年生のときにみんなで撮った写真を見つけて、みんな若いなぁって思ったんだけど、写真のエリカを見ておどろいちゃった！　なんていうか……一目で日本人だってわかるような顔してたんだね」

「えー、そう?」確かにあの頃は、髪の毛が地毛の黒に近い色だったなぁと記憶をたどった。

「今は髪の毛もすっかり赤系の茶色で、髪の毛を染めるフィンランド人っぽい感じになったよね」と、サンニが私の髪に触れながら言った。

「うーん、でも髪の毛の色だけが影響してるわけじゃないと思うんだけどなぁ」セシリアが考えこんだ顔をした。

「フィンランド語もずいぶん上達したもんね。私、フィンランド人の友達となんの変わりもなく、エリカと話してるよ」ハンナレーナが言った。

「でもエリカがフィンランド人っぽくなったのは、言葉のせいだけでもない気がする……」セシリアがまた考えこんだ。

「じゃあ、どうしてだと思うの?」ヴァルプがセシリアにきくと、セシリアはもどかしそうに説明しはじめた。

「なんというか……表情が変わったのかな。やわらかくなったっていうか。でも表情だけじゃなくて、今のエリカは存在そのものがフィンランド人みたいだと思うの」

「外見に関係なく、内側はフィンランド人の心を持っているっていう感じかもね。二年半もここにいるんだから、影響は受けて当然だけど、エリカの場合はそれをうまく取りいれてると私も思う。日本から来たばかりで内気だったエリカが、フィンランド人化して解き放たれた感じがするよ」セシリアの説明に、ヴァルプがつけ加えた。

それをきいて、私も今までずっと感じていた説明のしようのない不思議な気持ちを、みんなに打ちあけてみることにした。

「実は私も……みんなと一緒にいると、自分はみんなと同じフィンランド人だ、という気がしてくるんだ。ずっとまえからここで暮らしていたような感じもして、これからもずっとここで生きていきたいと思うようになっていたんだ」

いつもフィンランド人に囲まれ、フィンランド語を話し、フィンランドの食事をして、フィンランド流の生活をしているうちに、友達をはじめとする周囲の人々との距離が縮まっていることに気がついたのだ。

そうしているうちに、やがては、居場所を与えてくれたこの「世界」の一部になれたら……、と願うようになった。この町で変わっていった自分が好きだったし、不思議なことに、フィンランドの人々のようにストレートで素直になった自分は、幼い頃のような紛れもない自分の本当の姿だったからだ。

「でも、フィンランド人の悪いところも似てきちゃダメだよ。たとえば、日本人の礼儀正しいところは、ずっと持ちつづけた方がいいよ」ヴァルプが笑いながら言った。

フィンランド人的な自分も日本人的な自分も、本当にリアルで本物の自分であることにちがいはない。それなら、両方のいいところを取って、なりたい自分になればいいと思った。

バスの外をながめようとしたとき、ふと窓に映った自分の顔が目に入った。

（ここで暮らすようになってから、本当にやわらかく笑えるようになったな……）

ガラスの自分に微笑むと、振りかえって言った。

「ねぇ、このバスに乗ったまま、みんなで世界一周旅行でもできたらいいのにね！」

「えー？」疲れた顔をしてみんなが笑った。「まったくエリカは信じられないくらい元気だね」

私のパワーの源は、いつでも友達の存在なのだ。そして、二年前のような内気な私はもういなかった。これまでの受け身な態度ではなく、今度は自分から働きかけたいという思いが、私の中で新たに生まれてきていた。

JAGAIMO

一年生の頃の音楽の授業で、中学生以来久しぶりに大好きなドラムを演奏する機会があり、そのあとも音楽の先生から朝の集会でドラム演奏を依頼されることが何度かあった。音楽のコースが終わってからは、まったく機会に恵まれなかった私は、毎回喜んで先生の依頼を引きうけてきたが、どういうわけか、どれも直前にとり消しになり、そういったチャンスはことごとく潰れていった。クラスの男の子に、アビの集会でドラムをやらないかと誘われたときも大喜びしたが、別のバンドが演奏することになったのを知り、がっくりと肩を落とした。そしてある日、積もりに積もった悔しさが、新たな一つの計画を生みだした。

「人が作ったチャンスが全部ダメになるなら、自分でチャンスを作ろうじゃないの！」

無理と言われるのを承知で、友達に話を持ちかけてみることにした。

「ねぇ、私たちみんなでバンド組めないかな」

「えーっ、冗談でしょう？」ヴァルプが笑いながら言った。

「本気だよ。確かにメンバーを集めたり、人にきかせられるような演奏ができるようになるまで、練習を重ねたりするのは大変だと思うけど、でもどうしてもやってみたいんだ。音楽を一緒に合奏するっていうのは、すごい快感なんだよ！」

「うーん……」私が真剣に提案しているのだとわかると、ヴァルプは考えこむような顔をした。

「本当にバンドを組めたら、きっととても楽しいだろうね」

楽器を弾いたことがなかったヴァルプは、メンバーとして参加するのは遠慮したが、バンド結成にはいろいろな案を出して、協力してくれることになった。

「やっぱりせっかくだから、朝の集会でやりたいよね。おおぜいにきいてもらえるし」

全校生徒が集まる朝の集会では、五分から十分間、牧師さんや先生たちがスピーチをしたり、音楽の先生が生徒と一緒に音楽を演奏したりと、様々な人たちが参加してきたが、私たちのバンドがそこで演奏させてもらえるかどうかはわからなかった。

「日本の曲を演奏したら、文化交流みたいになるから、許可されやすいかもしれないし、めずらしいからきっと聞き手の注目も集めるよ」ヴァルプが提案した。

「日本の曲かぁ……」ちょうどヴァルプが、私が貸した鬼束《おにつか》ちひろのCDを気に入っていたので、彼女の曲をやってはどうだろうと言うと、ヴァルプもすぐに賛成した。

そのCDの中には、バンド演奏するのにぴったりな「Rollin'」という曲があった。ピアノとフォークギターの音が気持ちいい、明るくて調子のいい曲だ。バンド結成には、他にもベースとドラムが必要だが、日本語の歌をやるなら、と私は自らボーカルをやりたいと言った。歌いながらドラム演奏するのは、むずかしいだろうが、不可能ではないはずだ。

メンバーにはまず、ピアノを習っているセシリアを誘うことにした。

「セシリア！　君の力がぜひとも必要なんだ！」と、私がすがるように頼むと、

「バンド？　いいねー。おもしろそう！」セシリアも乗り気で、ピアニストのスカウトは成功した。

次に、ギタリストを見つけなくてはならず、思いあたったのはエンマだった。

「おもしろそうだけどギターの試験が冬にあって、その時期はそれに向けて猛練習しなきゃならないから、約束はできないな。でも、みんなでバンドを組むのはとても楽しそうだし、興味はあるよ！」ギタリストも一応確保した。

こうしてメンバーが次々に決まっていったのだが、こまったことに私のまわりには、ベースが弾けるという人がいなかった。そんなとき、ヴァルプが決断したような顔をしてセシリアに、

「ベースって、むずかしいのかな？」ときいた。

「まぁ、そんなこともないと思うけど……」

「じゃあ私、エリカたちのバンドでベース弾きたい！」とうとうヴァルプもバンドに入る決心をしてくれた。

家に帰ると、さっそくインターネットで、エレキベースの弾き方を調べることにした。なにしろヴァルプはベースに触れるのも初めてで、練習をはじめたくてうずうずしていたし、個人練習をできるだけ早くはじめた方がいいと思ったのだ。

日本からピアノ弾き語りの楽譜を取り寄せ、届いた新品の楽譜集をながめながら考えた。ピアノは楽譜どおり弾いてもらうとしても、他のパートの楽譜がない……。

「コードが載ってるし、ギターはコードをかき鳴らしてもらえばいいな。ベースの方はコードを

基にして楽譜を作ろう。ドラムはＣＤをききながら、自分で譜面に写せばいい」

中学校で吹奏楽部に入っていた経験をもとに、楽譜は見よう見まねで書いてみることにした。

それからは、学校の宿題もそっちのけで、家にいる時間を楽譜作りに費やした。ベースの演奏部分は、初心者のヴァルプにもできるように、リズムを単純にしてみた。何度もＣＤを流して一時停止のボタンを押しては、鉛筆を自作の譜面に走らせた。一行できるごとに、ＣＤの音に耳をすませながら、自分が書いた楽譜の中に不自然な部分がないかどうか確認した。自分で楽譜を書くのは初めてだったが、耳を頼りに自分が気持ちいいと感じるものを作っていった。それは曖昧な感覚のようで、実はとても頼りになるものだ。

こうして基盤となる楽譜ができあがり、すぐに練習に取りかかることにした。楽器は、音楽の先生のエサに許可を得て、音楽室のものを貸してもらうことにした。

今学期は、ヴァルプと私には時間割に余裕があり、一足先に練習を進めることができた。私はドラムとボーカルの両方を引きうけていたし、ヴァルプもベースを弾くのは初めてだったので、私たちが先に練習をはじめられたのは都合が良かった。セシリアとエンマには、時間のあるときに、家で個人で練習をしてもらうことにした。

音楽室で、ヴァルプが赤いエレキベースのそばにかけよった。

「わぁ、これがベース？　私、これ弾くの？　かっこいい！」

内心私は、本当にヴァルプがベースを弾けるようになるか不安でもあった。

「よし、とにかく練習してみよう。そのまえに自分で試してみるね」

ベース初心者のためのホームページに書いてあったアドバイスにしたがい、ベースギターをかまえると、私はピアノの前に座った。インターネットで見つけたフレット表を基にして、どこの弦を押さえればどの音が出るのか確認すると、弦を指で弾いてみた。すかさずピアノで同じ音を出してみると……ぴったり、同じ音が出た。

「やった……！　ちゃんと音が出た」その不思議なフレット表のおかげで、今までベースに触ったこともなかった私にも、自由自在に出したい音が出せるようになっていた。

「すごいじゃない。私にも教えて！」ヴァルプがうずうずした調子で言った。

ヴァルプに構え方と弦の押さえ方を教えると、そのフレット表を渡した。ヴァルプも一気にコツをつかんで、それからは自己流で弾き方を練習していった。

練習時間は、エサと話しあって調整をした。新しいことをはじめることの不安や責任を感じていたが、自分の力でゼロから何かをはじめることができるのだと実感していた私には、それすらも気持ちよかった。

自分のパートの練習の方もスムーズに進んでいた。楽譜どおりに演奏するのとはちがい、自分の好きなようにアレンジすることの楽しさは、今まで感じたことがなかった。ドラムがたたけるようになると、今度は歌もあわせてみることにした。歌いながらたたくというのは、初めは三本目の手か足で別のリズムをたたくようにむずかしかったが、練習していくうちにだんだんとコツがつかめてきた。

新学期がはじまり、十一月にはセシリアも練習に参加できるようになった。ドラムのスティックを鳴らし、イントロの最初の音を三人が同時に奏でたとたん、音楽室の空気が変わった。それはとても心地よいハーモニーだった。リズム隊のベースとドラムだけであわせていたときとちがって、伴奏の中心のピアノが加わるとぐっと演奏らしくなった。私は叫んだ。

「私たち、ぜったい朝の集会で、全校生徒にきかせられるような演奏ができるようになるよ！」

ヴァルプもセシリアも、今度はそれにうなずいた。

しばらくして「ギターの試験が延期になった」と言ってエンマも加わり、これでようやく四人そろって練習することができるようになった。

「そういえば、バンド名を決めなくちゃならないね」ある日、ヴァルプが言いだした。

「日本の曲を演奏するバンドだし、何かそれがうかがえる名前だといいよね」私がまじめな顔をしているとなりで、ヴァルプとセシリアはいつものように冗談を交わしていた。

「『ポルッカナ（にんじん）』とか『ペルナ（じゃがいも）』って名前にしちゃったりしてね。

ねぇ、日本語で『ペルナ』ってなんて言うの？」

「『ジャガイモ』だけど……」と、私がつぶやいたのがまずかった。

「わぁ、なんてかっこいい響きなんだろう！　それにしよう。『Ｊａｇａｉｍｏ』！」

セシリアとヴァルプは目を輝かせた。「じゃがいも」という音の響きにふたりとも一目ぼれならぬ、一ききぼれをしてしまったようだ。

「えぇー？　そんなのダメだよ。もっとかっこよくてちゃんと意味のあるような……」

「何か問題ある？　フィンランド人は誰もわかんないんだから、大丈夫だって！」そう言って、ヴァルプもセシリアも一歩も譲らない。確かにそんなバンド名もユーモアがあって、私たちらしい名前かもしれないとも思った。そのあとエンマも賛成したので、我がバンドは正式に、「Ｊａｇａｉｍｏ」と命名された。


ある程度演奏がしっかりしてきた頃、クリスマス休暇が明けたあとの朝の集会で演奏させてもらえるかどうか、エサにきいてみることにした。バンドのリーダーになった私は、職員室の前でエサを呼びとめた。ヴァルプにも心の支えとして、ついてきてもらった。

「先生……あの、今私たち日本語の曲を一曲練習しているんだけど、朝の集会で演奏させてはもらえないかなぁ……？」緊張のあまり、変に遠慮がちにきいた。ヴァルプも真剣なまなざしで、エサの顔を見つめていた。断られれば今までの練習も水の泡になりかねない。それを思うと、心臓がドキドキして頭の中もグルグルまわりはじめた。無表情で話をきいていたエサは、にかっと笑うと、

「もちろん、ＯＫだよ！　今週やるかい？」いつもの明るい声で言った。

「え⁉　いや、もっとあと。クリスマス休みが明けてから」あまりにもかんたんに許しをくれたエサの言葉におどろいてしまったが、以前から「きっと演奏させてもらえるよ」と言っていたヴァルプもホッとしているようだった。

それまでバンドの経験がなかった四人が集まった、Ｊａｇａｉｍｏの演奏は、テクニックに着目したらあまり上手とは言えないかもしれない。だが音楽を奏でることを一人一人が楽しみ、一つ一つの音に心をこめることができたので、演奏が心地よくきこえる自信はあった。音楽で一番大切なのは「ハート」だと私たちは感じていた。

本番の一月十七日は、私たちの同級生が登校する三学期の最後にあたっていたので、私は入学したときから一緒だった多くの同級生たちに、感謝の気持ちをこめて歌を贈りたいと思った。それについては、他のＪａｇａｉｍｏのメンバーも同意見だった。

三ヵ月に及んだ練習期間を終え、初めてベースに挑戦したヴァルプは、楽譜を丸ごと暗記でき

るほどに上達していた。演奏の大黒柱とも言えるセシリアのピアノにも、厚みが出てきてしっかりしたものになり、練習に一足遅れて加わったエンマも、楽しみながらギターを弾く余裕さえ出てきた。私のドラムや歌も、以前より自信がついて、十分に人前で演奏できるようなものになっていたはずだ。そして、夢にまで見たその日が来た。

いつもより早く学校に集合すると、音楽室からステージとなる一階のホールに楽器を運び出した。準備をしながら、心臓がバクバクしてどうかなりそうになったが、それは他の三人も同じだった。

本番に向かうまえに、メンバーを集めた。

「セシリア、エンマ、ヴァルプ。みんな今日まで私についてきてくれてありがとう！」

「お礼を言われる筋合いなんてないよ。確かに言いだしたのはエリカにちがいないけど、Ｊａｇａｉｍｏはもうエリカひとりのプロジェクトじゃなくて、今やみんなのものなんだよ」ヴァルプが言うと、セシリアとエンマもうなずいた。

十時になると、私はマイクに向かった。

「私たちは、この曲をここにいるすべての人へ贈ります。そして、なかでももうすぐ卒業を迎える三年生のみんなに贈りたい。あなたたちと三年間を過ごせてとても楽しかった。すてきな思い出をありがとう！」ドラムの椅子に座って顔を上げると、校舎中の七百人分の目が私たちの動きを一つ一つ追っているのを感じた。バスドラムのペダルに置いた足がガクガク震えてきて、気が遠くなりそうになった。

すぐとなりで、緊張に顔をこわばらせているエンマ、ヴァルプ、そしてセシリアと視線を交わすと、演奏の合図をした。

「いち、に、さん、し……」

ところが、私の合図の声は小さすぎて、両どなりにいるメンバーたち全員に届かなかった。

「出だしが遅れた……！」額に汗がにじんだ。だが三ヵ月も一緒に練習してきた私たちは、何事もなかったかのように演奏を続けた。

歌いはじめたものの、緊張のあまり声が弱々しくなってしまった。前を見ると、聞き手の真剣な視線が迫ってきて、声はますます震えるようになった。これではいけない、と気をとりなおすと、Ｊａｇａｉｍｏのメンバーやきいている友達のことを思い、歌いつづけた。

「あれ……？」

間奏に入った辺りで、急に楽器の他にも何か音がきこえてきた。一階の中心あたりで、誰かが曲にあわせて手拍子を打っていた。それはみるみるうちに二階、三階へと広がり、ふと気がつくと学校中のみんなの手拍子が響きわたり、校内全体が一つになっていた。それは、まったく思いがけない光景だった。

手拍子の音をきいてから、私もようやくきいている人たちの方を、まともに見ることができるようになった。真剣な表情で耳をかたむけている人、笑顔を浮かべてきいている人。手拍子を打ちながらあたたかいまなざしを向けている先生も見えた。手拍子をすることで、全員が演奏に参加しているかのような雰囲気だ。こんなにうれしい気持ちでドラムをたたいたり、歌を歌ったりしたことがあっただろうかと思えるくらい、最高のひとときだった。

手拍子は演奏が終わるまで続き、曲が終わると、今度はおぼれそうなほどの大きな拍手と歓声に変わった。

「イェー!!」

いつも朝の集会が終わるとサーッと教室に入っていく先生や生徒たちが、今日は授業がはじまるのも忘れてその場でしばらく拍手を送っていた。私は大きく手を振ると、

「キートス（ありがとう）！　良い一日を過ごしてください」朝の集会の決まり文句で、締めくくった。

緊張が解けて、私はその場にへたりこんでしまった。サウナに入ったあとのように、頭がポーッと熱かった。

「やったよ……！　私たち、ついにやったよ！」セシリアやヴァルプやエンマの方を見て、私は

力なく言った。三人とも言葉も出ない様子だった。

そのあと、何人もの友達がかけよってきた。

「本当にすてきな演奏だったよ！」ティーナが興奮したように言った。

「今まで私が見た中で、まちがいなく最高の朝の集会だった！」サトゥが言った。

ハンナレーナやサンニたちは、一番前できいていた。

「あんなに大きな拍手や歓声はきいたことがないよ」ハンナレーナが言った。

「きっとみんなＪａｇａｉｍｏの演奏が好きなんだね」サンニが微笑んだ。

私は、エサのもとへ行った。

「結成したばかりのバンドに、こんな機会を与えてくれて本当にありがとう！」

「いやいや、お礼を言いたいのはこっちの方だよ。これで最後だと言わずにまたやってほしい」

音楽に関してはこだわりがあるエサも、そう言って笑った。

こうして、Ｊａｇａｉｍｏの初演奏は大成功を収め、私たちはこれ以上ないほどの満足感にひたっていた。

待ちに待っていた瞬間はわずか五分の間に過ぎてしまったが、「また別の曲を練習して、舞台に立とう！」と、Ｊａｇａｉｍｏの四人は早くも未来を見ていた。

パレードを見送って

そして、二月。卒業試験を控えてアビになった三年生の友達が、最後の登校日である「アビの日」に向けて準備をはじめていた頃、アビの実行委員のマルヨが教えてくれた。

「今年はね、サーメの民族衣装を着ないことになったんだよ」

「えっ、本当⁉」

アビがサーメの民族衣装を着ることは、何年もくり返されてきたリュセオンプイスト高校ならではの伝統だったが、ビール瓶を片手に町で大騒ぎをする「アビの日」に神聖なサーメの民族衣装はふさわしくないと、サーメの人々はそれを好ましく思っていなかった。そのことを毎年のアビも知っていたのだが、一部のクラスがやめた年があったというだけで、学年全体としてその習慣を変えようとする人は出てこなかった。そこで、学年で唯一サーメ民族の出だったナタリアは、たったひとりで主張することを決めたのだ。

伝統を覆すのはかんたんではない。だが、三年間を共にしてきた私たちの仲間は、ナタリアの声をしっかりと受けとめた。会議の話しあいで、今年のアビたちは当然のことのようにナタリアの意見をききいれ、先生たちを除き、生徒は全員一致でサーメの民族衣装を着ないことが決まったと、マルヨは話してくれた。

「民族衣装は他の誰のものでもない、サーメの人々のものだ。彼らがアビたちに使われるのを好まないのなら、それを尊重すべきだ」と、副校長先生に向かって、委員長のトルスティもはっきりと言ったという。生徒だけが中心となって計画も実施も行ってきた行事で、そこまでアビたちの意見がまとまっていては、副校長先生も校長先生も何も言うことはできなかった。

こうして、今までのアビがやれなかったことを、私の同級生たちは、いともかんたんに成しとげてしまったのだ。彼らは、百五十分の一の声にも耳をすませ、立ちあがった。それは、一年生の頃言葉ができなかった私をみんなで助けてくれたのと同じように、人を思いやる心から生まれたものだ。

「今年のアビたちは、本当にすごいねぇ！」彼らと同じ年に生まれたことが、とても誇らしく思えた。

「アビの日」の前日、今年のアビには含まれない私も飾りつけの手伝いをすることにした。

「そういえば、こんなふうに勉強とは関係ないところで、みんなで集まって力をあわせて何かをするのは入学して以来初めてじゃないかな」と気づき、日本の学校祭を思いうかべながら、こういう行事がもっとあればよかったのに、と思った。

今年のアビの衣装は、とてもバラエティーに富んでいた。雪の女王や白熊、クロスカントリースキーヤーなど、本当に様々な格好を目にし、見ている方も楽しかった。

「私たちは春にはまだ卒業しないけど、来年アビの日がある頃には、もう卒業しているからね」と言って、三年半で卒業するヴァルプやハンナレーナも、アビの日に参加していた。

在校生がアビを外へ担ぎだす番になり、私はセシリアと一緒にサンニを外へ運びだした。

「あぁ、これで終わりだ！」サンニがはつらつとした顔をした。

担ぎだされたアビたちは道路に列をつくり、ハイテンションをキープしたまま町へと向かっていった。

「リュスカ！（リュセオンプイスト高校の愛称）」と力いっぱい叫びながら、拳を空に振りあげたみんなの顔に、解放感と喜びがあふれていた。遠ざかるアビの背中を見送りながら、残された私の胸に、

「みんな去ってしまったんだ……」という思いがこみあげていた。

ちがう神さまを信じること

四学期に取った生物の三コース目では、体内の仕組みを実際に見て学ぶために、ウサギを一

四、教室で解剖することになった。
「たとえ死んでいても、その体をどんなふうに扱ってもいいわけじゃない」そう言って、タルヤがウサギの死体を丁重に扱い、静かにナイフを入れているのが印象的だった。

解剖が終わると、その様子をレポートにまとめることになった。先生に提出するまえに、私はいつものようにヴァルプに単語や格の変化のまちがいをチェックしてもらうことにした。レポートを読みおえると、ヴァルプはにっこり笑って言った。

「まちがいはたったの一ヵ所だけ。とてもよく書けてるよ」

「本当⁉」

「このまえ、エリカが書いた作文を読ませてもらったときも思ったけど、最近表現の幅が広がってきているね。今までよりずっとたくさん単語を知ってるでしょう？　この分ならきっと、来年のフィンランド語の卒業試験までにもっと上達するよ」

「うん、もっとフィンランド語が上手くなりたいんだ。だから、これまでみたいにまたいろんな単語を教えてね」

「まかせて！」ヴァルプが笑った。

だが、四学期に一コースしか取っていなかったヴァルプとは、学校で会える日もずいぶん減ってしまった。三年半計画を実行していた、ハンナレーナについても同じことだ。彼女たちはまだ卒業しないとはいえ、何教科分もの卒業試験をこの春に受けることにしていたため、試験に集中できるように学校の授業も最低限まで減らしていたのだ。今回は数学の試験だけを受けるつもりでいた私は、四学期も前学期と同じ五つのコースを取っていた。

「アビの日」を終えてからは、同じく四年間高校に通うセシリアと一緒に過ごす時間が増えた。もともと誰とでも気軽に話せるオープンさと、嘘や隠しごとができない素直さを持ちあわせていた彼女とは、一緒にいるだけで心が和んだ。いつでも表情豊かに気持ちを表現する彼女のそばにいると、なんだかとても安心な感じがした。

自然や植物が好き、音楽や読書が趣味など、セシリアと私には共通点がいくつもあり、似たような価値観も持ちあわせていた。だが一つだけ、私たちには似ても似つかないところがあった。それは私が無宗教で、セシリアが熱心なキリスト教徒だということだ。

初めてそれを思い知ったのは、セシリアや彼女の家族に誘われて、クリスマスに教会に行ったときだった。神聖でどこか非日常的な雰囲気に包まれた教会で、信者たちの歌うフィンランドのクリスマスソングでもある聖歌が、美しく響いていた。牧師さんの話をききながら、目を閉じてしっかりと手を組んでいるセシリアのいつもとちがう横顔を見て、ひょっとして彼女は、そのとき私とはちがう世界にいるのではないかと思った。

宗教は、セシリアの世界観を支える大切な柱だ。他の多くの信者のように彼女もまた、この世界のすべてを支配する「神」という存在を信じることで、心の安らぎを得ていた。こまったときには神に祈り、幸福が訪れたときには神に感謝した。同じキリスト教の信者である両親のもとに生まれ、幼い頃からずっとそうしてきたセシリアにとって、宗教とは彼女の人生と一体のものだ。

それに引きかえ私は、自分の身の上に今まで起こってきた数々のできごとに、運命的なものを感じつつも、それを引きおこしたのがある特定の神さまだとは思わずに、空の上か地の底、または地上に存在するかもしれない「何か」の仕業ということにしている程度で、経典によってすべてが明らかにされている神を崇拝してきた、セシリアの中にある「神の存在する世界」というものを、どうしても理解できないでいた。

だが、そんな私に、

「エリカはエリカの、私は私の信じたいものだけを信じればいいの」と、セシリアは言った。「フィンランドの八割以上の人がキリスト教徒を名乗っているんだけど、特に信仰心も持たないで、成り行きみたいな理由で信者になった人たちがほとんどだわ。同じキリスト教徒でも、私の考えに賛同しない人は大勢いるのよ」セシリアの信仰している宗派が、同じキリスト教でも少数派であることも影響しているようだ。

たとえ、セシリアにとって神がどんなに偉大で敬うべき存在でも、彼女は決してその考えを私に押しつけようとはしなかった。

「だって神さまなんて、強制して信じたりするものじゃないでしょう。だからほら、宗教の勧誘に家々を訪れるのはかえって逆効果なのよ」セシリアが笑った。

それをきいて、セシリアが仮に私のよく知らない宗教の信者だったとしても、少しもかまわないと思うようになった。むしろ、彼女があれほど明るく笑うことができるのが、神を信じることから生まれる精神の安定のおかげなのだとしたら、それはそれで私がセシリアの信じる神さまに感謝したいくらいだ。キリスト教徒であることも含めて、私はセシリアを丸ごと好きになっていた。ありのままの彼女を親友として、人間として認めていた。宗教は、そんな彼女の人としての持ち味にすぎなかった。

例えば、趣味に関しても、自分が熱中できることが、他人にしてみれば非常に退屈だったりすることも多く、人の好みや価値観というものは、他人からどうこう言われたくらいでかんたんに変わるものでもない。嫌いなものは仕方がないし、こういうことは好きになる努力をしても報われないことが多いだろう。だが、その感覚も人の人間性の一部なのだから、無理に自分を抑えたりして変えようとしたり、他人を自分の考えにあわせようとする必要もない。

もちろん、趣味があう人とは気があうし、一緒にいても居心地が良いかもしれないが、かと言って共通の趣味がない人たちがお互い友達になれないわけでもない。異なる趣味の対象が、それぞれにとって大切なものだということだけをお互い理解して、それ以上立ちいらないでおけばいいのだ。そっとしておくということは、一見冷たいようだが、実はこの場合とても深い思いやりからくる行動だと言える。異なる者同士がお互いをありのまま受けいれるということは、こういうことなのではないだろうか。

無数の宗教が存在するこの地球で、自分と自分の神を信じて疑わない人たちが、互いに自己主張ばかり続けていては、争いも絶えることがない。宗教のちがいがあっても、他人が大切に思うものを尊重する心さえ持てば、異なる人々もお互い理解しあえると私は信じている。

至難への挑戦

一番最初に受けることになる数学の卒業試験は、四学期も終わりに近い三月二十七日に予定されていた。高校を出て、大学や専門学校へ進学する場合、それぞれ入学試験を受けなければならないが、合格者を選考するときに高校の卒業試験の結果もかなり重視されるため、進学希望者は卒業試験でも良い成績を修めなくてはならなかった。

私の数学の成績はコースの内容によってまちまちだったが、最高で8を取ったことがあったので、卒業試験でも8を目標に勉強に励むことにした。卒業試験の結果は、期末試験の結果とはちがって数字ではなく、ラテン語の言葉で良い順から、laudatur（期末試験の10に値する）、eximia cum laude approbatur（9）、magna cum laude approbatur（8）、cum laude approbatur（7）、lubenter approbatur（6）、approbatur（5）、improbatur（不合格）と表され、普段は省略されアルファベットでそれぞれL、E、M、C、B、A、Iと呼ばれていた。これに当てはめると、私の目標はMだ。それぞれの成績の人数が比率で決められている相対評価のため、毎年成績のラインも微妙に変動していた。Mが本当に取れるのかどうかわからなかったが、目標は高く持った方が、がんばりがいがあると思った。

「アビの日」が過ぎ、本格的に試験勉強をはじめることにした。まず、過去の数学の卒業試験問題を解いてみた。問題は毎年、十五問ある問題のうち、どれでも好きなもの十問に答えるという形式になっていたが、家では練習のためすべての問題を解いてみることにした。最初は、問題を見ても解き方のわからないものがほとんどだったので、似たような問題の解き方が載っている教科書を開き、それを応用して解いてみた。文章問題に知らない単語が出てくると、辞書を引いて調べた。

「本番でも知らない単語が出てきたら致命的だなぁ……」国の公式の試験には、いくら母国語がフィンランド語ではない私でも、辞書を使ってはいけないことになっていた。

毎晩午前一時頃まで勉強し、夜食も食べるようになったのだが、私の顔は以前よりげっそりしているように見えた。

「エリカ、なんだかやせたんじゃない？」試験も近い日、セシリアが私の顔を見て言った。

「ストレスのせいかな。毎日、食べてるときと寝てるとき以外は、机に向かって勉強してる感じなんだけど、もう限界が近いよ」

「私もそんな感じ。やりたいことが試験勉強のせいで一つもできないっていうのは、なかなか耐えがたいよね。でもそれももうすぐ終わり……」

私は力なく肩を落とした。本番の卒業試験がすぐそこまで来ているというのに、まだ自分は何一つ十分にできていないような気がしてならなかった。

「目標だったMも私には高すぎたかもしれない。下手すると不合格ってこともありえるかも……」いくら勉強してもそんなふうに思えて、片時も心が休まらなかった。もし満足できない結果しか出せなかったら、また秋に受けなおせばいいと自分に言いきかせ、少しでも心の負担を軽くしようとした。

前日の夜、リーサが試験会場でのお腹の足しにするようにと板チョコを買ってきてくれた。去年卒業試験を受けたばかりのエーヴァも「試験時間は長いから、途中でちょっと息抜きをするといいよ」とアドバイスをくれた。最近風邪をひいたばかりで、体調は万全とは言えなかったが、勉強の方はこれ以上無理と思えるほどたくさんしたので、あとは自信を持って臨むだけだと自分を奮いたたせて、三月二十七日の本番の日を迎えた。

朝八時半に、同じく「短い」数学を取っていたハンナレーナと一緒に、「標準的な」数学の試験会場である近くの中学校の体育館に向かった。フィンランド中の高校でいっせいに行われる国の公式の試験であるため、不正が行われないように、カンニング防止策は徹底していた。前日に、試験で使う電卓を一晩学校に預けにいかなくてはならず、鼻風邪が続いていたのでポケットティッシュも一緒に検査にかけることにした。検査にかけた以外の電卓や紙類は、一切試験会場に持ってきてはいけないことになっていた。他にも余分なものは何一つ持ってくることを禁じられ、鉛筆や消しゴムも筆箱に入れずに手に持たなければならなかった。

卒業試験は、どの教科にも九時から三時までの六時間が用意されていて、試験を早くすませても十二時まではその場で待機しなくてはならなかった。途中でお腹が減るので、私も教えられたとおりに、飲みものは透明のペットボトルの飲料を選び、チョコレートは紙をはがして細かく割ったものを透明のランチボックスに入れ、お弁当のサンドイッチもラップに包んだ。それらを会場の入り口でチェックするのは学校の先生たちだが、きびしい先生はサンドイッチに挟まっているのが本当にハムやチーズだけか、パンをはがして見るらしい。

一定の距離を保ってたくさん並んでいる机の中で、私の席は一番前にあり、机の上にはきのう預けた電卓とポケットティッシュが置いてあった。他にも答案用紙が十分すぎるほどと、鼻をかんだりするためのペーパーナプキンがひとり一枚ずつ配られていた。

「今から卒業試験の問題を配ります。指示があるまでは問題用紙に触れないでください」ひとりの数学の先生が大きな声で体育館中の生徒に説明した。

他の先生が、問題の載っている冊子を私の目の前に置いた。その表紙に「二〇〇三年卒業試験問題　数学」の文字を見たとき、自分の鼓動が耳に大きくきこえてきた。

「今年の問題はむずかしくありませんように……」と心の中で祈った。

「では、はじめてください」先生の言葉がきこえたと同時に、体育館中にガサガサという音が響いた。私も一秒を惜しむように問題用紙を開くと、問題に目を通した。時間が足りなくて不合格になってしまっては、悔やんでも悔やみきれるものではない。

ずらずらと並ぶ問題を見たとたん、頭の中で今まで学んだことが飛びかい目がまわりそうになったが、まず自分を落ち着かせることにした。最初の方程式の問題は、意外にもあっさり解けて自信を取りもどしたが、かんたんなのは最初の一問だけで、あとは長い文章問題ばかりだった。答えをいくつも出さなければならない複雑な問題が並んでいて、解くのにも時間がかかった。時間も惜しかったので、解けるものだけどんどん解いて、わからなくて行きづまった問題は、あとからやり直すことにした。そうしているうちに、結局全部の問題に挑戦してみることになったが、十五問中、十一問以上答えると減点されてしまうので、最後に一番上手く答えられていそうな答案を十問分集めて、あとのものには大きなバツ印を書くことにした。

十二時を過ぎると、数人が体育館を出ていったが、ほとんどの人が机の前に残った。私もようやく半分くらいできたところだったので、まだ出ていくわけにはいかない。トイレに行きたくなり、席を立って手をあげると、監督していた先生が無言のまま私をトイレに案内した。厳格な国の公式の試験でもトイレばかりは許されたが、そこでもカンニングの防止策は徹底していて、先生は個室のすぐ近くまで生徒についてきた。そのうえ、窓もなくて真っ暗な地下のトイレなのに、明かりをつけてはいけないことになっていた。個室にいる間に生徒がカンニングペーパーを読むのを防ぐためだ。だがそれも不自由なもので、トイレではどんなに目を凝らしても何一つ影さえ見えず、「便器はどこだ？　トイレットペーパーはどこだ？」と、手探りで探しあてなくてはならない。このことは事前にヴァルプから話をきいていたので、私は家のトイレでも電気を消して練習していた。

そのあとは、最後まで解けなかった問題とにらみあってはうなった。

「もしかして、こう解くのかな？」試験時間が終わる十五分前、なかなか答えが出ずに悩んでいた、最後の問題の答えがとうとう出た。予想どおりの数字が電卓に現れたときは、叫びたいくらいの喜びに満たされた。よく見直して答案が十問分あることを確認すると、私はよろよろとした足どりで数学の先生に答案用紙を渡し、出口へと向かった。

高校に戻ると、アヌとタルヤが、まるで親類のような心配した面持ちで私にきいた。

「試験はどうだった？　むずかしかった？」

「結果が来るまではっきりとはわからないけど、自分ではうまくいったと思う」と答えると、ふたりはとても喜んでくれた。

集められた答案は、すぐに高校の数学の先生たちによって採点され、出身校の先生たちの評価を添えてヘルシンキに送られ、教育省が認定した、卒業試験のための委員会によって最終的な成績が出されることになっていた。先生たちの添えた評価が最終的な委員会の決断に影響することはないが、二度評価することで不公平がないようにしているのだろう。教科によっては学校の先生たちと委員会の採点に多少のちがいが出ることもあったが、数学のような教科ではほとんど差はなかった。

卒業試験の直後、ハンナレーナと私は授業の数学コースの成績の平均点を上げるための試験を受けることにした。参加者が希望するその試験で良い点を取ると、今までの数学の成績を少し上げることができる。高校の成績表には卒業試験の成績の他に、それぞれの教科コースの成績の平均点が残ることになっていた。

私の数学の平均点は6・7で、四捨五入されて7に上がるが、できればもう少し良い数字が欲しいと思った。しかし、6・7を8に上げるのはむずかしいと先生に言われ、どうしようかと迷っていると、ハンナレーナが励ましてくれた。

「やってみればいいじゃない。卒業試験のすぐあとだから、その試験のために勉強しなくても、まだ数学は十分覚えてるはずだよ。それにその試験で良い点が取れなくても、成績がマイナスになるわけじゃないんだから、挑戦してみたらいいよ」

確かに、失敗しても何かを失うわけではないなと思い、無謀を承知で試験に挑んだ。

そして卒業試験から一週間後、学校の掲示板に先生たちの採点した結果が発表された。ハンナレーナからそれをきいて、すぐに掲示板の前に飛んでいったが、プライバシーを守るため、表には名前ではなく個人の受験番号が記されていた。自分の受験番号を覚えていなかった私は、事務室にききにいくことにした。

「受験番号を教えてもらいたいんだけど……」事務室には副校長のタイナ先生がいた。

「あら、ちょっと待って。エリカは短い方の数学の試験だったわよね？　ついでに結果の方も教えてあげるから」そう言ってタイナ先生は、分厚い書類を取りにいった。

受験番号だけ教えてもらうはずが、ここで結果も明らかになるときいて、ドキドキして心臓が飛びだしそうな感じがした。あぁ、やっぱり不合格だったらどうしよう……！

「エリカの数学は、六十点満点中四十二点で、それは去年のランクによると……Eよ」

「えっ……！　E!?」頭が一瞬クラッとした。Eとは最高のLの次に良い成績だ。Mが目標だったのに、さらに上の成績を取るなんて、まったく予想外だ。

「もちろん、最終的な委員会の採点がまだあるけど、エリカの点には余裕があるから、きっとEのままでとどまると思うわ。とても良い成績じゃないの。おめでとう！」まだ信じられず言葉を失っている私に、タイナ先生がにっこり微笑んだ。

事務室を出ると、一階にいたセシリアとハンナレーナのところへ走っていった。

「どうだった？」セシリアもハンナレーナも、わくわくした顔で私を見た。落ちつこうとしてつばをごくりと飲むと、私は真面目な顔をして言った。

「私の名前はなんのアルファベットではじまる……？」

「えーっと、エリカだから……E!?」セシリアがびっくりした顔をした。

「すごいじゃない、エリカ！」ハンナレーナもとても喜んでくれた。

「自分でも、まだ信じられないよ……」

ちょうどそのとき、成績を上げるための試験を担当していた先生が通りかかった。

「ヘイ、エリカ。こっちの方の試験の結果も出たのよ。あなたのコースの成績の平均点を上げることになったから」

「えっ……それって8になるってこと？　本当に!?　ありがとう！」

「あたしに感謝してどうするの。努力したのはあなたなんだから、鏡に向かって自分に『ありがとう』って言ってあげなさい」と、先生が笑いながら言った。

「そうすることにするよ」私も笑った。

卒業式も間近な頃、教育省からの最終的な結果が出て、私の数学のEという成績は確かなものになった。思いおこしてみれば、卒業試験は高校留学をはばむ壁だった。

「フィンランド人にとってもむずかしい試験なのに、フィンランド語がろくにできないあなたには無理だ」と、私はフィンランドに来るまえ、何度も言われた。だが、この数学の卒業試験の成績が証明してくれたのは、無理かどうかなんてやってみなければわからない、ということだった。

未来はきっと希望のあるもの

フィンランドに来て三度目の春、卒業式でＪａｇａｉｍｏが演奏することになった。卒業していく同級生たちのために最後に何かしたいと思い、私から提案したのだ。

「アビの日」以来、おなじみだったいくつもの笑顔が校舎から消えてしまって、私はため息をつくことが多くなった。入学したときから成長を共にした三年生の仲間たちは、私にとって何にも換えることのできない、かけがえのない存在だった。数人はまだ残るとは言え、多くの仲間たちとの別れが近づいていることを、どうしても受けいれられないでいた。

「人は出会ったら、必ず別れる」とは言うが、できることならずっと一緒にいたかった。そばにいるときは、それをあたりまえだと思っていたのに、なぜ失ってからではないとその大切さに気がつくことができないのだろう。そんな思いをヴァルプに打ちあけながらつぶやいた。

「この時間がずっと終わらなければいいのに……」うつむく私にヴァルプはやさしく言った。

「そんな悲しいこと望まないで。未来はいつも、希望のあるものなんだから」


卒業式当日、校舎は満員で、一階や三階にお客さんが並んで椅子に座り、階段もカメラを持った人たちに埋めつくされていた。二階には今日の主役の卒業生たちがスーツやドレスを着て座っていた。なつかしい顔ぶれを目にしても、これが最後なのだという実感はわかなかった。

他の人の演奏が次々と終わり、あっという間にＪａｇａｉｍｏの番が来た。

「それでは次に、Ｊａｇａｉｍｏが二曲続けて演奏します」

客席からカメラのフラッシュが連続して光り、集まっている人の多さに目がくらんだ。二階を見上げると、友達の和やかなまなざしが、私たちに降りそそいでいる。ふるえる手に力を込めると、メンバー一人一人と目で合図をしたあと、ドラムのスティックを四回鳴らした。

出だしはうまくいった。だが緊張で固まってしまった手は、何度もミスを犯してしまった。なんとか持ちなおそうとしているうちにドラムに気をとられ、今度は歌が途切れた。それに聞き手が気がつかないはずもなく、冷や汗をにじませながら一曲目を最後まで演奏し終えたが、「失敗してしまった」という意識にのみこまれそうになった。

気を取りなおして、二曲目のスタンバイをした。ドラムがなく、ボーカルのみに集中できる二曲目では、挽回させてみせるという気でいた。だが、マイクを握って立ちあがった私の足は、ガクガクして今にも力が抜けそうだ。聞き手はすぐ近くで真剣なまなざしで見つめている。

歌の世界にひたろうと努めたのだが、何百人もの視線を意識せずにはいられず、緊張で張りつめた私の声はひどくふるえた。二曲目もなんとか最後まで歌い終えると、会釈をして足早に控え室に戻った。一刻も早くその場を立ちさりたかった私は、卒業生の顔をまともに見ることもできなかった。

控え室の壁を思いきりたたくと、私は力なくもたれかかった。

「最高の演奏をするんだって決めたのに、うまくいかなかった……。卒業していくみんながきくチャンスはこの一回しかなかったのに……！」悔しさのあまり、涙があふれてきた。

「音楽にくわしい人ならミスに気がついたかもしれないけど、多くの人は気がつかなかったよ、きっと」エンマがそばに来て、そっと肩に手を置いた。ヴァルプもセシリアも、がっくりと肩を落としていた。卒業式での音楽演奏を終えて、控え室に音楽の先生のエサが入ってきた。

「失敗してしまって本当にごめんなさい……」私は涙を流しながらあやまった。

するとエサはおどろいた顔をして言った。

「何、泣いてるんだい？　一番大切なのは君たちが参加してくれたということなんだよ。失敗は生の演奏にはつきものなんだ。完璧な音楽をききたかったらＣＤを流せばいいんだから……。君たちがそこで演奏してくれたということが、何よりすばらしいんだよ！」

その言葉をきいて、私の重く沈んでいた気持ちが一瞬で軽くなったような気がした。

「実を言うと、私もさっきの演奏はそんなに悪くなかったと思うよ」セシリアも笑っていた。確かに、自分のミスばかりが頭に残ってしまって、演奏全体をきこうとしなかったかもしれないと、私も思いなおした。

いよいよ卒業証書授与がはじまったので、みんなで控え室の外へ出て、その様子を見守ることにした。卒業試験の結果が載った証明書と、高校の卒業生だけがかぶることができる白い卒業帽が、担任の先生と校長先生の手によって一人一人に手渡された。正装して校長先生の前に立ち、卒業帽を手にする仲間たちの姿は凜々《りり》しくとても立派に見えた。

成長した卒業生が未来へはばたいていく晴れやかな日に、卒業生はもちろん、家族も在校生も先生たちも誰も涙を流す人はいなかった。私もくよくよするのはやめて、卒業生たちの門出を心から祝福することにした。

式のあと、卒業生の各家で開かれる卒業パーティーには親戚一同が集まり、親しい友人たちも招かれた。私もサンニやマルヤマイヤをはじめ、八人の友達のパーティーに顔を出した。

今日の日の主役である卒業生たちは、誰もが家族や親戚や仲の良い友達に囲まれて、本当に幸せそうだ。それぞれの家で、その日卒業生たちが何十回もたずねられたであろうことを、私も質問してみることにした。

「これで高校を卒業したわけだけど、これからは何をする予定なの?」答えは、人によって実に様々だった。これを機に南の方の町へ移って大学へ行く人、ロヴァニエミに残って大学や専門学校に通う人、すぐ進学はせずにアルバイトに精を出したり、海外へ行ったりして休暇として一年を過ごす予定の人もいた。小中学校、そして高校と休む間もなく勉強を続けてきたので、次の過程に進むまえに一休みしようというケースは、フィンランドではめずらしくはない。日本では「浪人する」という言い方をするが、フィンランドでは自ら一年間特に何もせずに自分と向きあう時間を作り、将来自分がどういう道を歩いて行きたいのか、もう一度考えなおす期間にする人が少なくないのだ。

飛びたったばかりの友達の将来の話をききながら、これからは皆、フィンランド全国に散らばって、それぞれ自分の思う道を進んでいくのだ、ということを実感した。

八件目のパーティーから家へ戻ってくると、時計は夜の十時を指していた。十分で着替えをすませると、そのまま迎えに来たサンニの車に乗って、町のクラブに向かった。今夜はそこに、卒業生たちが集まることになっていた。

クラブには、昼間のきりっとした顔ではなく、普段のみんなの明るい笑顔があふれていた。

ジェームスが私の姿を見つけて言った。

「今日のＪａｇａｉｍｏ、すっげーいい演奏だったよ！」

「式で演奏された音楽の中でも、Ｊａｇａｉｍｏの演奏がダントツで一番良かった」サトゥも笑顔で言った。三年間同じクラスだったヴェーラは少しさみしそうな顔をした。

「エリカを置いて去るのは、本当にさみしいよ。一年生の頃に、エリカがしたムーミンの読書感想発表を覚えてる？　最初の頃は言葉も十分に話せなくて大変だっただろうけど、こんなにも上手に話せるようになって……。エリカの今までのがんばりはとても立派なものだったよ。私、今日もパーティーで家族や親戚にエリカの話をしたんだ」

ヴェーラは私の目をまっすぐ見つめたまま、話を続けた。

「今日の式の演奏は、とてもすばらしかった。私、エリカの歌がすごく好きなんだ。だから、これからもエリカにはずっと歌いつづけてほしいの。歌いつづけるって約束してくれる?」

「約束するよ……!」胸を詰まらせながら答えると、ヴェーラはホッとしたように笑った。

私は失敗ばかりを気にして、自分では演奏そのものがダメになってしまったと思っていた。だがきいていた卒業生は、演奏の不完全さなど関係なく、私が何よりも伝えたかった感謝と祝福の気持ちを、しっかりと受けとってくれていたのだ。その日たくさんもらった卒業生からの言葉や笑顔は、私にとって何よりの宝物になった。


そのあと、もう一つの別れが私を待っていた。三年間担任だったタルヤが、アメリカで一年間教師の仕事をすることになったのだ。私が四年生になる八月には、タルヤはもう出発していて、次の年の夏にロヴァニエミの高校に帰ってくるときには、私たちはすでに卒業している。私の卒業式に立ちあえないのは、本当に残念だとタルヤは言った。担任の先生という立場を越えて親しくなったタルヤに、卒業を見届けてもらえないのを知ったときは、とてもショックだった。去り際にしっかり抱きあうと、タルヤが言った。

「これでお別れなんてことはないわね。必ず、また会いましょう!」

そう、これはお別れじゃない。私がフィンランドで生きていく限り、いつかきっとまた会える日が来る。そう思いながら私は、タルヤのうしろ姿をいつまでもながめていた。

このあたたかな時間から遠ざかり、新しい日常で前進を続けていくことにさみしさを感じていたが、一方で、どこへ行っても何があっても、私はもう大丈夫だというつよい確信があった。

ただこの三年間を振りかえってみると、日本に残してきたものを恋しく思わないように、思い出すこと自体をためらい、感情をコントロールしてきた自分がいたように思う。だが、そろそろそんな自分にも決着をつけ、胸の一番奥にしまわれていたことに、しっかりと向きあうべき時が来ていた。

忘れたい時間と向きあう

フィンランドの高校での一年間がまた終わり、日本への一時帰国も今回で三度目だ。久しぶりの日本で自分を「充電」するかのように、今年もおだやかに時を過ごしていた。

そんなある日、母の知りあいの女性が、こんな話を持ちかけてきた。

「今度、母校の中学校に留学の体験を講演しにいってみない？」

「え……？」その瞬間、自分の鼓動が急に大きくきこえた。

「卒業生で他に海外に留学してる人はいないし、絵里香ちゃんの場合は留学先もフィンランドってめずらしいところだから、生徒もみんなフィンランドの話をききたがると思うなぁ」

再びあの中学校に行くということが、私にとってどれほどむずかしいことなのか、彼女は知るはずもなかった。卒業生というだけでは、講演する機会など与えられたりしないだろうと、最初からその話が実現することはないものと考えていた。

ところが、それから間もなく、電話がかかってきた。

「ぜひ、高橋さんに留学体験について講演に来ていただきたいのですが……」

電話をしてきたのは、新しく替わった中学校の教頭先生だった。

「どうする……？」きびしい規則になされるがままに従っているうちに、自分らしくあることをあきらめてしまった自分。教師が拳を振りあげても、心を痛めながらそれを黙認するしかなかった日々。中学生だった頃の苦い過去のシーンを頭の中に映しながら、私は自分に問いかけた。講演の話を受けようか、それとも断ろうか。

中学校を卒業して時間が流れた今でも、私の中で中学時代は触れてはいけないものとして、心の闇の部分にかたく閉じこめられたままでいた。そんな状態で、校舎に一歩でも踏みいれば、すべてがきのうのことのようによみがえり、姿を現したあの頃の自分に「おまえは、何も変わっていないじゃないか」と笑われそうでこわかった。昔のことは、思い出すだけでも胸が苦しくなるのに、同じ場所に立てば、過去の自分にかんたんに戻ってしまうのではないかと不安だった。あれから自分は変わったのだと信じたかったが、それを確かめる勇気がなかなか出せないでいた。

だがそれと同時に、今その中学校で生活している生徒たちのことを考えてみた。忘れてはいけないのが、私の中で過去となっている中学校は、今も現実に存在し続けているということだ。私と同じような目にはあっていないにしても、彼らの心境が、中学生の頃の私のものと重なる部分もあるのではないだろうか。私のように、中学校生活になじもうと努力した結果、学校が彼らにとってのすべてになり、息苦しさを感じている子もいるかもしれない。そうだとしたら、彼らのために私にできることが何かあるのではないかと考え、講演の話を受けることにした。

中学校から、講演の趣旨などを伝える内容のＦＡＸが届いた。私の講演には「夢の時間」という題がついていて、丸一校時がそのために用意されていた。講演のある日は、二年生は宿泊研修に出かけていて、校長や養護の先生も不在のため、一年生と三年生が音楽室に集まって行われることになった。中学校に向かう直前に、自分が中学生だったときに、どんなことに興味が持てたか思い出しながら、講演で話す内容を紙にまとめてみた。何があっても自分を見失わないようにと心に決めると、迎えにきた教頭先生の車で学校に向かった。

過去の自分との再会

見覚えのある灰色の校舎を目にしたとき、額に汗がにじんだ。先生や来客用の玄関から中に入り、教頭先生が出してくれた来客用のスリッパを履いた。このスリッパを自分が履く日が来るなど夢にも思わなかった。

教頭先生のあとに続き、職員室に入った。「失礼します」ではなく、「こんにちは」と元気よく言った。そこには、見覚えのある先生の顔もあった。

「どうぞ、こちらへ」教頭先生は、私を校長室へ手招きした。黒い革のソファーに腰かけると、その場の雰囲気に圧倒されないように、できるだけフィンランドで取りもどしたありのままの自分をキープしようと思った。そうしながら、生徒だった私が今、校長室でお茶まで出してもらっている状況を、とてつもなく奇妙に思った。

講演の時間が来るまで、フィンランドの教育に興味を持っていた教頭先生にその様子を話し、疑問に思っていたことを教頭先生にたずねてみた。

「フィンランドでは、中学校にも高校にも制服がなくて、みんなが自由に自分のしたい格好をすることで、個性をアピールしたり、自分というものを表現しています。日本にも私服の学校がありますが、そういったものを増やすようにして、全国の学校から制服制度をなくすことは可能だと思いますか？」

教頭先生は「うーん」と言って少し考えると、こう答えた。

「今まで日本でずっと続いてきた制服をなくしてしまうというのは、なかなか想像以上にむずかしいことですね。例えば、小規模の衣服業者は、毎年大勢の中学生や高校生のための制服を用意することで生計を立てていて、もし制服を日本からなくしてしまったら、大勢の人が失業してしまうことになるんです。だから、制服に関しては学校だけの問題ではないというところが、なかなか複雑ですよね」

「なるほどね……」今日、私は講師としてここに来ているとはいえ、教頭先生が私の意見を否定せずにきちんときいてくれていることに気づき、こんな教頭先生に中学生の頃、出会っていたら、私の中学時代も少しは変わっていたのではないかと思った。

授業が終わったらしく、廊下が騒がしくなると同時にノックの音がきこえてきた。教頭先生が返事をすると、ドアがガラっと開いて、一番記憶に残っている先生の顔が飛びこんできた。

「高橋、久しぶりだな！」彼は、かつて他の先生の行為について相談したことがあった先生だ。

「先生……！」

まもなく講演をはじめる時間が来たので、教頭先生に続いて二階の音楽室へと向かった。階段を上りながら、一歩一歩過去へと戻っていくように昔のことが鮮明に思い出されて、今にもあの頃の自分が物陰からひょっこり出てきそうな気がした。

吹奏楽部の部室だったなじみのある音楽室に足を踏みいれ、今この学校で中学校生活を送っている生徒たちに対面した。たくさんの目が私に集中したが、普段、ピアスをしてはいけない、髪を染めてはならないと言っている先生たちが、私のような外見の人を連れてきたから、おどろいているのかな、とも思った。

教頭先生のかんたんな紹介のあと、さっそく用意してもらった世界地図を使いながら話をはじめた。

「フィンランドは、ロシアとスウェーデンの間にある人口五百二十万人くらいの小さな国です。でも、国の面積は日本とあまり変わらないんですよ。ところで、社会の先生！」急に、社会の先生に話を振ってみた。「フィンランドの首都がなんという町だか知っていますか？」

生徒たちも、いっせいに先生の方を振りむいた。

「えーと、ヘルシンキ」

「正解です！」私が言うと、先生が得意そうな顔をしたので、教室に笑い声がわいた。

「ところで、皆さんはフィンランドについてどんなことを知っていますか？　フィンランドってきいて何が頭に浮かびますか？」今度は生徒たちに問いかけてみたが、反応がなかった。フィンランドと言われてもピンとこない人も多いのかもしれない、失敗したなと思いはじめたとき、ようやくひとりの女の子が声を出してくれた。

「……サ、サンタクロース？」あれだけの沈黙をやぶるのは、さぞかし勇気が必要だっただろう。とにかく、誰かひとりでも言ってくれる人がいて、ホッとしながら話を進めた。

「そう、サンタクロースですね。私が住んでいるロヴァニエミという町にもサンタクロース村があって、そこには毎年たくさんの観光客が世界中からやってくるんですよ」サンタクロースの他にも、日本で有名なムーミンやオーロラなどの身近な話題を続けたあと、フィンランドの生活や学校の話もした。

「日本でフィンランドがあまり知られていないように、フィンランドでも日本のことはそれほど知られていないんです。日本と言えば、芸者とかサムライとかそういうものしか浮かばない人も実は多い。芸者の本当の意味もよくわからずに、チョコレートの名前にもなっていたりします」用意してきた、フィンランドで普通に売られている、芸者の絵が描かれたチョコの包み紙も見せながら話を続けた。

音楽室は、たくさん人がいるにもかかわらず、静けさに包まれていた。真剣にきいているのか、興味などなくて早く終わってほしいと思っているのか、それすら私には感じとれなかった。

それでもどんどん時間が過ぎ、終わりの時間が近づいてしまった。まだ肝心なことは何も伝えていない気がしたが、多少無理やりでもまとめることにした。

「一番言いたかったのは、夢をあきらめないでほしいということです。皆さんの中には、サッカー選手になりたい人、美容師になりたい人、私みたいにいつか海外に行ったり留学してみたい人もいると思います。自分の夢は大事にしてください。叶えたいという意思がある限り、夢は叶えられるはずです」

拍手のあと、教頭先生が続けた。

「それでは、何かききたいことがある人は、高橋さんに質問してください」

そのとたん、また静かになって誰も身動きさえしなくなったが、長い沈黙のあと、やっとひとりの生徒が手をあげた。

「最初、留学しようって決めたとき、両親は反対したりしなかったんですか？」

「反対はされなかったです。むしろ、すごく応援してくれました。夢を抱いている人は、まず家族を説得してみるのがいいかもしれませんね」そう答えると、もう一つ手があがった。

「フィンランドのムーミンと日本のムーミンって、どこかちがうんですか？」

「日本のアニメのムーミンって体型が丸くてよくカバとまちがえる人がいるけど、トーベ・ヤンソンが描いた原作のムーミンは、もっと鼻が細長くて、黒目も小さくて、ちょっと不気味な感じがして、アニメのムーミンとはずいぶん雰囲気がちがいますね」

最後に、生徒会長がお礼の言葉を言ってくれた。

「今日は、どうもありがとうございました。……キートス」その子は恥ずかしそうにしながらも、確かにフィンランド語で「ありがとう」と言った。

「えっ、どうしてその言葉を知ってるの？」私がおどろいていると、

「いやね、私がちょっと調べてみたんですよ」と、社会の先生が照れくさそうに笑った。

講演の時間が終わると、ほとんどの生徒はさっと教室に戻っていったが、ふたりの女の子が、講演中はうしろの席でよく見えなかったと言って、オーロラの写真を近くに見にきた。

「こんなのが、フィンランドでは普通に見えちゃうんですか？」そのうちのひとりがきいた。

「そうだよ。この写真も家の庭から撮ったものなんだ」と説明すると、「すごーい」と言ってふたりとも教室へ向かった。この講演を通して彼女たちに、何か少しでも大切なことを伝えることができたのだろうか……。少なくとも、同じ中学校の出身者の中にめずらしい進路を選んだ人がいたなぁという記憶だけでも残り、それがもし何らかの形で彼女たちの役に立つことができたら、こんなにうれしいことはないなと思った。

そのあと、教頭先生や講演のまえにも一緒にいた先生と、校長室に戻った。

「いやー、本当によかった。今日は、ふたりも質問してくれる人がいた」

私としてはふたりしかという意識だったが、教頭先生はとても満足そうだった。

「うちの学校の生徒たちは、普段は元気なのに、人前で意見を言うのを極端に嫌がるんですよね。我々はもうちょっと自信を持たせてあげないとだめですね」

校長室で、講演のときに使った写真を、ふたりにもう一度よく見せた。たわいもない話をしながら、ふと思った。中学生の頃、私が相談を持ちかけたことを、先生はまだ覚えているのだろうか……。

「いやー、今でもあの頃のことはたまに思い出すんだけど、」先生が急に思い出したように口を開いた。「よく生徒とは衝突したよな。反抗してむちゃくちゃなことを言うやつもいたけど、高橋が言ってたのは正しいこともあったよなって、今思うんだ」

三年前、「先生が言っていたことが正しいと、わかる日がいつか来る」とそう言ったのは、先生の方だったのに……。そんなことを頭にめぐらせているうちに、生徒たちが先生を呼びにきた。何人もの生徒に背中を押されるように去っていく様子を見ると、もう今では以前のようなことは、昔の話のようだ。あの頃は私の話を一言も受けつけようとしてくれないと思っていたが、きっとどこかに言葉の欠片《かけら》が残っていたのかもしれない。そう思うと、ずっと胸でつかえていたものがようやく取れたような気がした。

放課後、教頭先生が校舎を見せてくれた。

「三年前だから、あまり変わっていないでしょう」そう言って、教頭先生が体育館のドアを開けはなった。はっきりと記憶に残っていた景色が目の前に広がり、なつかしさでいっぱいになった。だが、あの日々に戻りたいとは思わなかった。

体育館から戻る途中、床の染《し》みの位置さえも覚えている空っぽの三年生の教室の前を通ったとき、あの頃の自分を見かけた。窮屈な制服に身を包み、古い机に座り、無表情のまま黒板を見つめていた自分を。

「もう大丈夫だよ……」

あの頃の自分に、私はそっと声をかけた。

「私はもう大丈夫だよ……。今、その目に見えているものがすべてじゃないんだから」

長い間私の中で封印され止まっていた時間が、今大きく動きはじめたような、そんな感じがしていた。

Neljäs vuosi

四年目

青い光が導いた先

小舟のように

四年目の高校生活がはじまり、初めてクラス替えがあった。ほとんどの同級生が春に卒業していき、わずかに残った三年半生や四年生たちを集めて、それぞれ新しいクラスが組まれた。冬に卒業する、三年半生のヴァルプやハンナレーナたちとは別々のクラスになったが、四年生のクラスでは、セシリアとティーナ、そしてエンマとも同じクラスになった。男女あわせて二十人ほどのクラスは、三年間をともにした顔見知りばかりで、とてもなじみ深い雰囲気だ。担任には、副校長のタイナ先生がつくことになった。

一学期がはじまって最初の週のこと、セシリアが彼女の家の別荘に誘ってくれた。

「すごくきれいなところにあるんだ。まだ夏が完全に終わるまえに遊びにおいでよ」

フィンランドでは、多くの人が自分の別荘を森の中や湖畔に持っていて、そこで夏休みの大半を過ごしていた。別荘と言っても決して豪華なものではなく、トイレやサウナが外に設置してある丸太小屋が一般的だ。小屋には水道が通っていなくて、水は川や井戸から調達し、電気も灯りの分だけで、徹底しているところでは、テレビもガスコンロもなかったりする。セシリアの家の別荘は賃貸別荘だったが、なかには別荘を自分で建てる人もいる。そんなふうに自給自足に近い生活を営むことで、都会のあわただしい生活を一時的に忘れ、自然にかえることができるのだ。

土曜日になり、迎えにきたセシリアの家族の車に乗って、別荘へ向かった。車がやっと一台通れるほどの、細い秘密の抜け道のような砂利道を通って林を抜けた。

「うわぁ、きれい」

赤い丸太小屋のすぐそばに、広い湖が空よりも青く輝いていた。向こう岸が見えない大きな湖は、どこまでも続いている淡水の海のようだ。辺りは野の花や白樺の木々に囲まれ、絶えず心地よい風が吹いていて、そこに立っているだけで、とても安らかな気持ちになった。

小屋の中に入ると、台所のテーブルの近くの大きな窓いっぱいに湖が見えた。

「わぁ……湖がこんなに近くに見える」私がうっとりするように言うと、

「この窓があるから、家の中にいても湖がいつも見えるんだ。こういうおだやかな水面を見ていると、不思議と心までおだやかになってくる。この窓からの風景を見て、私たちはこの別荘を借りることに決めたんだよ」と、セシリアのお父さんが話してくれた。

荷物を別荘の中に運びこみ整理が終わると、セシリアのお母さんが言った。

「さぁ、ベリー摘みに出かけよう！　今なら森に熟したブルーベリーがなっているはずだよ。少し離れたところに、ブルーベリーがたくさんなっている場所があったから、車で行こう」セシリアのお母さんは私の姿を見て言った。「エリカ、もっと汚してもかまわない服は持ってきてないの？　ブルーベリーの汁がつくと、洗濯しても落ちないよ」

「ズボンは今はいているのを汚してもいいんだけど、上は他に持ってきてないなぁ……」私がこまっていると、

「別荘用に古い服が置いてあるから、それを自由に着ていいよ。森に行くには長袖の服を着るように。そうでないと、蚊がわんさかいて体中さされちゃうよ」セシリアのお母さんが古い上着を貸してくれた。

　ブルーベリーが生えていたのは、明るい林だった。日が当たって地面も乾いていそうなものだが、土は分厚いコケで覆われ、湿っていた。

　以前、ウリニヴァ家の人たちとブルーベリーやリンゴンベリーを摘みに行ったときに、私もいろいろなベリーを見分けられるようになった。ブルーベリーは、緑や赤の葉に紛れている、丸くて青紫色の実がそれだ。

「フィンランドでは『すべての人の権利』として、たとえそれが国の土地でも誰かの私有地でも、森へは許可なしで散歩したり、ベリーやきのこを集めたりするために入れるようになっているんだ」ブルーベリーを集めながらセシリアが話してくれた。「その代わり、ゴミを捨てたり、

植物を傷つけたりしないように、森でのマナーは守らなくちゃならないけどね」

ベリーにしろ安らぎにしろ、森の与えてくれるものをひとりじめしないところが、フィンランドの人らしくてすてきだなと思った。

森の中にいると、腕時計をしていることをすっかり忘れるほど、時間が永遠のように感じられた。時間を気にする必要もなく、日がかたむきはじめてもうすぐ夕方になるということがわかるだけで十分だった。


次の日は、セシリアと一緒に小舟で、湖の真ん中に咲く睡蓮を見にいくことにした。セシリアがオールをこいで睡蓮の群れのわきに小舟をとめると、丸い大きな葉っぱの間からいくつもの白い大きな睡蓮の花がのぞいているのが見えた。

「うわぁ、きれいだねぇ」私もセシリアも目を細めた。花びらの先までしっかり開いていて、花の中心にある黄色い部分もよく見えた。親指姫がその中からひょっこり姿を現しそうな可愛らしい風景だ。

小舟を少し動かそうとしていたとき、私はセシリアに言った。

「舟こぐの、すごく上手だね。うらやましいなぁ、私にもできたらいいのに」

「小さい頃から、別荘に来るたびに舟をこいでいたからね。けっこうかんたんだよ。エリカもやってみる?」

「えっ、でも私、ぜんぜんやったことないし、私にオールを任せたら、二度と岸には帰れなくなるかもよ」と言うと、セシリアが笑いながら言った。

「大丈夫だよ。そんなにむずかしいものでもないから。こっちへおいでよ」

小舟が引っくりかえらないように、おそるおそる座っていた場所を交代すると、私は二本のオールを手に取った。

「水の中にオールを入れたら力いっぱいこぐこと。まっすぐ舟を進めるコツは、両手に同じくらい力を入れることかな」

セシリアのアドバイスにしたがって、私もオールを動かしてみた。両方のオールに同じくらいの力を入れるのがむずかしくて、小舟はなかなかまっすぐに進まなかったが、そのたびにセシリアは、どちらの手に力を入れればいいか教えてくれた。おかげでぎこちないながら、私の操縦する小舟は、進みたい方向へ進めるようになった。

オールを握るのは、とても気持ちがよかった。目の前に広がる広大な湖を前に、どこへでも行けるような気がした。湖の一部は、森に縁取られていたが、進んでも進んでも終わることがなかった。

一生懸命こぎながら私はふと、となりに豪華客船を思いえがいていた。もし、この永遠の湖を渡る手段として、豪華客船と小舟が用意されていたら、人々はどちらを選ぶのだろう。

小舟は、気ままに方向を決められる。しかし、大変な労力が必要であるし、それなりの覚悟もいる。私はセシリアにアドバイスをもらったが、ひとりぼっちではじめるのは、なかなかむずかしいかもしれない。また、先が見えている人には、豪華客船を利用しない手はないだろう。自分の行きたい方向と客船の行く先が一致している場合は、とても早くかんたんに目的地にたどり着くことができる。

まだ急いで行きたいあてのない私は、決められた航路に惑わされず、自分の決めた道をのんびり行く、小舟のような生き方がしたい。遠回りしても、寄り道しても、途中で立ち止まってもかまわない。自分の信じる道を進んでいれば、きっといつか自分の望んだ場所へたどり着くことができる、とそのとき思った。

セシリアの助言をききながら、オールを右に左にこいでいるうちに、なんとか出発した桟橋にたどり着くことができた。別荘に戻ると、前日、湖で釣ってきた魚を、セシリアのお母さんがスモークしていた。昼食が終わると荷物をまとめて、ロヴァニエミの日常へと戻ることにした。思いがけず、フィンランドの夏らしい体験をすることができた週末だった。

「またいつでも好きなときにおいでよ」車の中でセシリアのお母さんが言った。言葉には表せないような充実感に満たされて、私たちは町へ帰っていった。

前へ進まなくてはならない

秋の卒業試験が過ぎると、ヴァルプとハンナレーナを学校で見かけることが、極端に少なくなった。一番近くにいた親友たちがとなりから消えてしまったのを、私はとてもさみしく思った。時は零《こぼ》れおちるように流れ、十二月六日、フィンランドの独立記念日に、三年半で卒業する人たちのための卒業式があった。今度は、ヴァルプやハンナレーナが卒業していく番だ。乾いた空気で校舎が満たされたその日、彼女たちが青や真紅のドレスを着ていること以外は、何もかもがいつもどおりだ。

「お別れって言ったって、私たちはまだ少なくとも春までロヴァニエミにいるんだし、会おうと思えばいつでも会えるんだよ」ハンナレーナが言った。

だが、彼女たちがもう学校に姿を現すことはないのは確かだし、それだけでも遠いところへ行ってしまったように思えた。

そして二月、ついに私たちがアビとして「ペンッカリット」を迎える番が来た。今年の「アビの日」のテーマは「海賊」で、アビたちが学校を征服するこの日に、ぴったりなテーマだ。海賊船の女船長に扮することを決めると、青いダボダボのズボンと襟の立った長い上着を縫い、白いヨレヨレのシャツを着て、おもちゃの剣も腰にぶら下げた。

「いよいよなんだね」鏡の中の海賊船長に向かって言った。

学校では、エンマもセシリアも、とても可愛らしい海賊に変身していた。

「振りまくキャンディーは用意してきた？」セシリアがきいた。

「もちろん！」

朝からアビたちはハイテンションで、私もつられてわくわくしてきた。授業妨害に教室に押しいり、思う存分キャンディーを在校生に向かってばらまいた。

「これこれ！　これがやりたかったんだよねー」そうしながらも、教室に座って、顔に落書きしに来るアビにビクビクしていたことが、ついきのうのことのようにも思えてならなかった。あの頃はまだ、自分が口紅を握る日が来るなど、想像すらできないでいた。

「いったい、いつの間にこんなに時が流れたのだろう……」

昼休みは、毎年恒例のバンド演奏やゲーム大会で、校内が賑わった。私も他の三人の女の子たちと、「フィンランディア」の替え歌を歌うことになっていた。

「見よ、アビたち。ついに我々の時代がやってきた。勉学の苦痛から解き放たれるときが」

歌いながら、どれほどアビたちが高校から卒業できる日を待ちどおしく思っていたのか、伝わってきた。その一方で、この学校に自分の居場所を求め、生きる意味を見出していた私は、まったく逆の思いだったが、もうあと戻りなどできるはずもなかった。

昼休みの出し物もすべて終わり、アビが全員担ぎだされると、道路に行列になり、叫びながら町へ向かった。ときどき、他の高校のアビを乗せたダンプカーが通ると、ケンカにでもなりそうないきおいで、お互いに自分の学校の愛称を叫びあった。私も負けずに「リュスカ!」と声を張りあげた。町へ向かう間、うしろは振りむかなかった。私にもついにこの学校を去るときが来たのだ。

重圧の下で

いよいよ、最大にして最後の壁である、卒業試験に挑まなければならないときが来ていた。去年は数学一教科だけだったが、今年の春は、必修のフィンランド語、レアーリ、英語の試験に加えて、選択でドイツ語の試験も受けることになった。できることなら、四年生の秋の試験期間にすでにいくつかの試験を受けて、負担を減らそうと思ったのだが、なかなか思うように単位が取れず、結局は卒業式を間近に控えた最後の春に数学以外の全部の試験を一度に受けることになってしまった。これだけ難題な試験ばかりがそろっていたので、とりあえず一月から試験勉強をはじめた。

国語の代わりに私が受ける「外国人生徒のためのフィンランド語」という試験では、フィンランド語を外国語として捉えるため、穴埋め問題や二百単語程度のエッセーが含まれていて、英語の試験とタイプがとても似ている。比較的例外が少ないフィンランド語の格の変化はすでに頭に入っていたので、フィンランド語の本を読んだりしながら、試験に備えて語彙を広げることに集中した。

レアーリとは、語学以外のすべての教科が一つの試験にまとめられたもので、歴史、生物、地理、化学、物理、心理学、宗教または倫理などが、それに含まれていた。一つの試験になっているとは言っても、それらの教科の問題すべてに答えなければならないわけではなく、好きな教科の好きな問題に自由に八問以内で答えることになっていた。教科によって問題数もちがったが、自分の得意な二、三教科に絞って答えるのが一般的だ。私は、興味があった生物と地理の問題を解くことに決めていた。どちらの教科もレアーリの中ではむずかしい方ではあったが、やはり自分の好きな教科に挑戦してみたかった。無事に卒業したヴァルプが、私に生物を教えてくれると約束していた。

合格が一番心配な英語は、とにかく、私には知らない単語が多すぎるため、去年のうちに買った英語の本を単語リストを作りながら読むことにした。

ドイツ語は、個人指導のアヌに「ドイツ語のコースを最後まで取ったのなら、試験も受けた方が得よ」と言われたので、必修でないにもかかわらず受けることにした。ドイツ語を習いはじめた頃はかんたんに思っていたが、途中からだんだんむずかしくなり、最後の方では成績もどんどん下がってしまい、試験を受けることにしてよかったのかどうか何度も悩んだ。それでも、一度受けると決めたのだからと、ドイツ語の試験勉強にも励むことにした。

試験勉強に、より一層意欲を持てるように、私はそれぞれの教科ごとに目標を立てることにした。フィンランド語の試験については、担当の先生にも、

「あなたなら、M(8)は確実よ」と言われていたので、Mを目標にした。レアーリの地理と生物では、問題が得意分野から出るかどうかでも大きく左右されるが、MまたはC(7)が取れたらいいと思っていた。必修で必ず合格しなければならないにもかかわらず苦手な英語は、合格できれば十分なのでA(5)。選択のドイツ語は、せっかく受けるのだから、Aで合格したいと思った。

目標を定めたあと、私は去年の試験のときのように部屋にこもりきりになり、机にかじりついて寝る間も惜しんで勉強する、身のやつれるような生活をはじめた。こういうときに限って、他

にやりたいことが次々と浮かんでくるのだが、今だけはすべて我慢しなければならない。私が目前に控えていたのは、なにしろ最後の難関である卒業試験なのだ。去年とはちがい、失敗すればまた半年後、というわけにはいかなかった。すでに卒業を一年延ばしたのだから、これ以上の猶予は避けたいのだ。

それに、親友たちがみんな去ってしまった今の学校に、私の居場所はもうない。実際、同じ場所であるはずなのに、何もかもが変わってしまったように見えるのだ。そのことをあの学校の中に立って感じるのは、本当にさみしいことだった。だからせめて、卒業式は大好きなセシリアやエンマたちと一緒に迎えたいのだ。

「絶対に成功しなくては。一度に全部の試験に合格しなくては」いつの間にかプレッシャーが、十分すぎるほど重くのしかかっていた。

三月に入ると、試験のための補習授業やコースの成績の平均点を上げる試験が行われた。去年の数学の例もあったので、ダメでもともと、と地理と生物の平均点を上げてみようと試みたが、今回は先生の判定もきびしく失敗に終わった。特に平均点を上げたかった生物では、成績表の欄に8が並んでいたが、一コース目の5が全体の平均点を下げていた。今、もう一度取りなおせばまちがいなくもっと良い成績が取れるのだろうが、一コースを取った一年生の頃は、語学力が不十分で5で単位をもらうのが精いっぱいだったのだ。がっかりして生物の教室を出ようとすると、先生に呼びとめられた。なんだろうと思いながらそばに行くと、先生が私の成績表を見せながら話しはじめた。

「8がずっと並んでるけど、一コースの成績は5になっているよね？　どうしてだか、説明できる？」

「それは一年生の頃に取ったコースだったから、まだ言葉が十分にできなかったことが影響してるんだと思う……」

一コースはタルヤの担当のコースを取ったため、この先生はそれについて知らなかった。それをきくと先生は、やっぱり、という顔をして話を続けた。

「そうだと思った。だから、エリカの生物の成績は、この5はなかったことにして、平均を8にしようと思ってるんだ」

「……えっ！　本当!?」

「エリカのフィンランド語はこの四年間でずいぶん上達したけど、一年生の頃はフィンランドに移ってきたばかりで言葉もできなくて当然だったし、この5という成績を取るのでさえ大変だったと思うんだ。二コース目以降の8という成績が、一年目の成績が良くなかったのは言葉によるハンデのせいだったということを証明してるから、僕はこうするべきだと思うんだよ。そのたった一つの５で成績の平均点が下がってしまうのはフェアじゃないと思うからね」

先生の思いがけない配慮に、なんとお礼を言っていいのかわからなかった。思えば、先生たちの柔軟で思いやりにあふれた考え方には、一年生の頃からずっとおどろかされてばかりだった。

だが、それだけではどうにもカバーできないこともあった。ドイツ語の補習授業のあと、ドイツ語の先生が言った。

「正直に言わせてもらうと、今のあなたの語学力ではドイツ語の卒業試験にパスするのは無理そうね。でも、チャレンジすることは良いことだから、本番ではうまくいくように応援してるわ」

気を落とさないでと言ってくれているのだろうが、かえって気分が暗くなってしまった。

最初の試験日まで一週間をきると、友達にも会わないようにして部屋にこもり勉強を続けた。選択のドイツ語以外は、どれも私の卒業やそのあとの人生をも左右する大切な試験ばかりだったので、一つも落とすことは許されなかった。それを考えると、眠れなくなってしまいそうだったが、自分の気持ちをコントロールし、前向きな気持ちを維持することも、受験生には要求されていた。

フィンランド留学の計画を立てたときから、卒業試験に合格し、この高校を卒業することを目標としてここまで来た。留学以来、最も険しいその関門に今、私は差しかかろうとしていた。

最後の難関

三月十六日、朝八時半に試験会場である体育館に集まった。今年この学校で「外国人生徒のためのフィンランド語」の試験を受けるのは私ひとりだけなので、国語の試験を受ける生徒と同じ会場で受けることになった。副校長先生に案内されて広い体育館の真ん中の席に座った。

「ついにはじまるんだ……最後の試練が」

時計が九時を指し、先生が合図をすると、生徒たちはいっせいに問題用紙を開いて、試験の海へと飛びこんでいった。

試験終了時刻の午後三時をまわると、私は力なく体育館から出た。練習ではいつも早めに解き終わることが多く、今日も六時間の試験時間はありあまるほどだろうと思っていたのが、今回は最後の方で時間が足りなくなってしまった。エッセーを書く題材がなかなか決められなかったことや、今まで練習したこともないような新しいタイプの問題が出ていたことに、思った以上に時間を取られてしまい、解答を読みなおす時間もなかった。

「あぁ、どうしてもっと早くエッセーを書きはじめなかったんだろう……!」試験場をあとにしたとたん、激しい後悔におそわれた。「これじゃあ、先生に確実とまで言われたM(8)も取れないかもしれない」

他に同じフィンランド語の試験を受けた人は学校にはいなかったため、家に帰ると、二年生になるまえに南の町に引っ越していったファルザネに電話をしてみた。彼女もハメーンリンナの高校で「外国人生徒のためのフィンランド語」の試験を受けているのだ。

「今日のはすごくかんたんな試験だったよね。とてもうまくいったよ」ファルザネの声は弾んでいて一瞬気落ちしたものの、久しぶりに彼女の声をきいて元気をもらった。


十八日にレアーリの試験を迎え、同じまちがいはくり返すまいと、私は試験開始の合図と同時にすぐに問題を解きはじめることにした。フィンランド語の試験と同じ制限時間内で、合計八問の問題に答えなければならなかった。物理の計算問題以外は、作文を八つ書かなければならないわけで、八問答えるまえに時間がきてしまうということも、この試験ではよくあるという。

「わからない問題は悩まないでとばして、解けそうな問題からどんどん解いていくんだよ」ヴァルプもアドバイスしてくれていた。

生物の問題を主に解くつもりでいたのだが、私の基礎知識ではどうすることもできないような応用問題ばかりが並んでいて、こまってしまった。かろうじて解けそうな二問だけ答えを書いてみたが、残りの六問はすべて地理の問題にあてることにした。地理では山勘が当たったところがいくつもあり、各教科で一問出されるボーナスポイントがもらえるジョーカー問題にも、地理で答えてみた。今回も試験場を出たのは、終了時間ぎりぎりだったが、自分の満足できる解答ができたような手ごたえを感じていた。一番プレッシャーを感じていたレアーリの試験が終わり、もう半分以上解きはなたれたような気分になった。

次の週には、苦手としてきた英語の試験、そしてその次の週には、合格が心配なドイツ語の試験が待ちかまえていた。英語もドイツ語もリスニングの試験は、すでに二月に行われ、結果も出ていたが、どちらもあまり喜べない結果を残してしまった私は、筆記試験である程度点数を取らなければ合格は不可能だ。しかし、偶然にも英語では「侍」、ドイツ語では日本人とドイツ人のハーフの女の子の話が読解問題に出ていて、興味や親しみがわき、集中力も増してテキストの内容を把握するのもむずかしくはなかった。おかげで、最後のドイツ語の試験を終えたとき、意外にも上手くいったのではという気持ちが残り、長い試験からの解放感に胸が躍った。

卒業試験が終わると、すぐに頭を切り替えて、今度は大学の入試に向けて勉強をはじめた。高校を卒業できても、大学に受からなければフィンランドに留まることはできない。ようやくここの風景に溶けこむことができたと思うようになったこの時点で、フィンランドから去れるはずもなかった。オウル大学の地質学の入試に向けて、出題範囲の専門書を読むことに力を注いだ。

しばらくして、高校の先生たちが採点した卒業試験の結果が、次々と明らかになった。最終的な結果はヘルシンキの卒業試験委員会によって出されるのだが、結果に差が出ることはほとんどなかった。先生が採点した結果は点数で出され、それを去年の春の試験のランクに当てはめることになっていて、ランクは年によって二、三点ほど上下に変動するだけだった。

一番最初に、フィンランド語の先生が廊下で試験の結果を教えてくれた。

「私の採点した結果では、Mだったわ」

「良かった。最後の方で時間がなくなって、エッセーを三時ぎりぎりまで書いていたから、Mも無理かと思ってたんだ」私はホッとして言った。

「そうね。エッセーでは、いつもより文法のまちがいや同じ表現のくり返しが目立っていたわ。他の問題はとても良くできていてLレベルだったから、エッセーがうまくいかなかったのは本当に残念だったわね」先生も惜しいという顔をした。「でも、これは最終的な結果ではないんだから、まだ上がることも下がることもありえるのよ」

レアーリの試験の結果は、教室で副校長先生のタイナが一人一人に教えてくれた。

「エリカはCだね。でもこれは去年のランクを基にして出したものだから、まだわからないよ」

Cという目標を達成できそうだと、私は安心した。

そのあと、覚悟を決めて、問題のドイツ語の試験結果を先生にききにいった。

「エリカは……Aね。去年のランクによると合格よ」

「本当!?」

「でも、私はあなたのエッセーを良く評価したから、委員会での採点では点数が下がることも大いにありえるわね。まぁ、でも大丈夫でしょう」先生がようやく笑顔を見せた。それをきいて、私はうれしさで飛びはねたくなった。

「先生も絶望的って言ったくらいだったのに!」

去年の数学といい、フィンランド語といい、卒業試験に関しては幸運のオンパレードだ。うきうきしながら、私は英語の結果を教えてもらいに事務室へ向かった。あのドイツ語にも受かったのだ、きっと英語もぎりぎりで合格しているだろう。そう思いながら、事務室のドアをノックした。

中に入って名前を言うと、事務のマルヤが、英語の採点結果が載っている資料を持ってきて計算をはじめた。待ちきれない様子でうずうずしている私に、マルヤは電卓に現れた私の試験の点数と、去年の春の英語の試験のランク表を手渡した。手にとってその二つを見比べたとたん、頭のてっぺんからサァっと血の気が引いた。

「……う…そ」

Aの合格ラインまで十三点も足りない、不合格のIだった——。卒業するためには必ず受からなければならなかった必修科目の英語を、落としてしまったのだ。それは、私がこの春には高校を卒業できないということを意味していた。

行く先の見えないとき

「まちがいってことはないの？」

私の必死な顔を見て、マルヤは計算しなおしてくれたが、電卓には先ほどと同じ数字が現れた。百十七点——去年の合格ラインの百三十点より十三点も下まわっている。英語の試験に落ちてしまうという信じがたい事実が、浮かれていた私の前にとつぜん突きつけられた。

重い足どりで事務室を出ると、あまりのショックにめまいと頭痛におそわれた。

「大変なことになってしまった……」

これからどうなるのだろうと考えると息が苦しくなり、ため息さえ出なかった。考えてみれば、英語の学期末試験でも、ほとんど毎回赤点を取っていた私には、予想できたはずの展開だ。だが、それでもどこかで奇跡が起こるのではないかと、浅はかにも信じていた。

「あんなにがんばって勉強してたのにね……。でも、まだ卒業できないって決まったわけじゃないんだから……」知らせをきいたセシリアが慰めるように言った。

「だって、毎年英語のランクは三点くらいしか上下に動かないんだよ？　十三点も下だったんだから、英語にパスするのは絶対無理なんだよ」自分で自分に追いうちをかけるように言うと、思わず深いため息をついた。こんなふうに、海の底をさまようようなどん底の気分になることはしばらくなかったな、と思った。

「それにしても、一つでも必修の試験に落ちたら卒業できなくなるの？　他に方法はないの？エリカは数学やフィンランド語ですごくいい成績を取ったんだから、それで埋めあわせみたいなことはできないのかな」

「あ……そうか！」

セシリアの言葉をきいて、私の中に希望の灯火《ともしび》がついた。他の教科で好成績を取った場合、それで埋めあわせができるという話をきいたことがあったのだ。

次の日学校へ出かけると、担任のタイナにそのことについてきいてみた。私が必修の英語を落としてしまったと言うと、タイナはとても残念そうな顔をした。

「でもコンペンゼーションのシステムを使うには、他の試験でかなり良い成績を取っていなくてはならないのよ。私はくわしい条件については知らないけど、とにかく委員会から最終的な結果が出るまで待つことね。それ以外、今は何も言えないわ」

だが、いつ来るかもわからない最終結果をのんびり待っているわけにはいかなかった。私は卒業試験に関連するホームページで、コンペンゼーションという制度について調べてみることにした。それによると、他の教科の試験の成績から決まった分だけポイントを得ることができ、それで落とした試験の分も埋めあわせることができるという。去年受けた数学のEに加えて、今回受けたフィンランド語やレアーリ、ドイツ語でも先生たちが採点したとおり、M、C、Aという成績が取れれば、いくつかある不合格のランク中でも最低の成績を取っていない限り、コンペンゼーションで私も今年の春に卒業できるということだった。

「まだ可能性はありそうだ」私は、ホッと息を吐いた。

高校の制度にくわしいアヌに相談すると、彼女は現実的に私の持つ可能性を教えてくれた。

「うん、確かにこのエリカの試験の結果のままなら、英語を落としても他の試験の成績でカバーできそうね。でも英語に落ちたって決まったわけではないから、最後の結果が出るまでそんなに肩を落とさないで」アヌは元気づけてくれた。

しかし、最終結果が出ていないというのは、他の試験についても言えることだ。フィンランド語、レアーリ、ドイツ語のうち、どれか一つでも他の試験の成績が下がれば、コンペンゼーションが効かなくなる可能性も高くなる。やはり最後の最後まで気は抜けないようだ。しかも、最終結果が届くのは、五月下旬の卒業式の一週間前だという。まだ二ヵ月近くもこんなに不安定な気持ちにかられたまま過ごさなければならないのだ。

気休めでもいいから何か確かな情報が欲しかった私は、英語の先生に、百十七点を取った私がIのどのランクに入りそうなのかきいてみた。だが先生は「最終的な結果を待ちましょう」と、他の先生たちと同じことを言うだけだった。どうやら先生たちは不確かなことを言って、私をがっかりさせたり、ぬか喜びさせたくないらしい。それでも私は希望があるならそれを確かなものと感じたかったし、絶望的ならそれでそれなりの覚悟を決めたかった。卒業できるかもしれないし、できないかもしれない、という希望と絶望が五分五分になった今の状態が、一番耐えがたいものだった。

この春に卒業できるのかできないのか、できるだけ早く知らなくてはならない理由の一つに、卒業するなら他の生徒たちのように自分も卒業パーティーを開きたいという思いがあった。家族はもちろんのこと、親戚や親しい友人が集まって祝うパーティーは、卒業式の日、卒業生のいる家ではどこでも開かれるフィンランドの伝統だ。フィンランドには家族も親戚もいない私は、以前から卒業パーティーには頭を悩ましていた。そんなときに、ハンナレーナがヴァルプと協力して、私のためにパーティーを開いてくれると言った。

「エリカにもちゃんと自分のパーティーをする権利があるよ」ハンナレーナが言った。

「ここでは、私たちがエリカの家族なんだから」そう言ってヴァルプが微笑んだ。

ウリニヴァ家ではウリニヴァ一家と親戚の人を招いたパーティーを開いてくれるので、ヴァルプの家には友達を集めて二ヵ所でパーティーをすることにした。だが、パーティーのための計画や準備は、とても一週間でできるようなことではなく、卒業できるかどうかがはっきりするのを待っていては、まにあわないのだ。まだ高校卒業が叶うかどうかわからないからと言って、大学入試の勉強も休むわけにもいかず、卒業できると仮定して前に進んでいくしか他に方法はなかった。

そんな緊迫感には覚えがある。中学卒業後、吹雪の日に外へ飛びだして、森の中で迷ったとき。フィンランドに発つまえに、滞在許可の二度目の申請結果を待っているとき。しかし、今の私はひとりではなかった。いつも見守ってくれた日本の家族に加え、今はたくさんの親友たちやウリニヴァ一家の人々、高校の先生たちが、すぐそばで手に汗を握りながら、一緒に結果が出るのを待っていてくれた。

卒業パーティーの計画では、フィンランドのパーティーの催し方をよく知っているハンナレーナが、アイデアの足りないところを補ってくれた。身近な人ばかりが集まるパーティーになるため、感謝の気持ちを伝え、集まったお客さんたちがみんなで楽しめる時間にしたいと思い、私の大好きな日本料理でもてなすことにした。フィンランドで手に入る食材を頭に置いて、お好み焼き、巻き寿司、てんぷらなどを作ってみることに決めた。寿司に必要な海苔やわさびなどは、日本の家族から送ってもらった。

卒業式で着るドレスも、作りはじめることにした。それぞれがフォーマルな格好をすることになっていて、男の子はあまり迷うことなくスーツを着る人がほとんどだが、女の子はスーツでもドレスでも好きな方を選ぶことができた。その他にもサーメの民族の人は、もちろん自分たちの民族衣装を着ていいし、フィンランドの民族衣装を着てもいいのだ。フィンランドで服を縫えるようになった私は、卒業式のドレスは自分で作るとかなりまえに決めていて、フィンランドカラーを意識して、白地に青い糸で蝶の刺繍《ししゅう》をほどこすことにした。本を読んで縫い方を覚えると、昆虫図鑑を参考にして蝶のモチーフを描き、ところどころに木のビーズもちりばめながら縫っていくうちに、思った以上にとても気に入ったものができた。刺繍の縫い目には、卒業したいという思いが一針一針縫いこまれていた。

五月十八日、私の携帯が鳴ったかと思うと、セシリアの息切れした声が耳に飛びこんできた。

「エリカ……！　卒業試験の最終結果が今日届いたって……！」

「えっ……今日!?」

ヘルシンキの委員会から試験結果が届くのは、二十九日の卒業式の一週間前だときいていたが、予定より早く着いたそうだ。

「すぐ行く！」と言うのとほとんど同時に電話を切ると、私は一目散に外へ飛びだした。ふるえる足で自転車を猛スピードでこぎながら、胸を突きやぶりそうな勢いで打つ鼓動を感じていた。頭の中は真っ白で、何も考えられなかった。

「何が起きても大丈夫。二ヵ月前から覚悟はできているはず……」そう自分に言いきかせながら、校舎に向かって走っていった。

事務室の前でセシリアにうなずくと、勇気をふるって事務室のドアをノックした。両手の拳をつよく握り、これからどんな結果を告げられようとも、それを受けとめる覚悟を決めた。

「そ、卒業試験の結果が届いたってきいたんだけど……」肩をふるわせながら、事務のマルヤに声をかけた。すると、彼女は私の姿を見るなりとなりの部屋へ誰かを呼びにいった。

「エリカが来た！　エリカが来ましたよ！」

となりの部屋から、副校長のタイナとふたりで戻ってくると、両手を広げて私にかけよった。

「あなた合格したのよ！　試験に受かったのよ！　おめでとう‼」ふたりとも興奮した様子で、代わる代わる私を抱きしめた。

「えっ⁉　えっ⁉　えっ⁉」頭の中が混乱して、何がなんだかわからなくなった。だが、「合格」という言葉だけは確かにききとり、その場にヘナヘナと倒れこんでしまった。

「……ということは、英語の分もコンペンゼーションでカバーできたの!? ねぇ、いったいどうなったの??」

すぐに何が起こったのか確かめたいのに、何からたずねたらいいのかわからずにいると、力の抜けた私の手に、マルヤが私の試験結果が記された紙切れを持たせてくれた。

「ほら、見てごらん!」マルヤの指すところには、「英語 A」という文字が——。

「いったいどうして……!?」自分の目で見たものが信じられず、私はタイナの顔を見上げた。

「見てのとおり、英語の試験もちゃんと合格できたのよ! なんと、今年の英語の試験問題は例年よりむずかしかったらしくて、合格ラインが十一ポイントも下がったの!」しかも、私の試験の点数は百十九点に上がっていた。英語のエッセーが委員会では高校より二点も高く評価されたのだ。

「こっちの方も見て! すごいわよ」見ると、フィンランド語の試験の成績も一つ上がってEになっているではないか……! レアーリやドイツ語も下がることなく、CとAのままとどまっていた。

「本当に……本当に私、合格できたんだ……」ようやく立てるようになると、今度は張りつめていた心の糸が切れたかのように、涙がとめどなく流れだした。自分には大丈夫だと言いきかせてきたものの、本当は不安でこわくてたまらなかったのだ。

「あらあら、泣かないで」タイナがやさしく抱きしめてくれたので、腕の中でしばらく泣き続けてしまった。

奇跡というものが起きた。それもとびきりの奇跡が。英語の試験の合格ラインが、十点以上も下がるなど、異例中の異例だった。それは、どんな状況にいても、決して望みを捨ててはいけないことを、身をもって知った瞬間だった。

事務室を出ると、セシリアやエンマが集まっていた。結果を告げるとみんな飛びあがって喜んでくれた。

「これで、三人とも一緒に卒業帽を手にすることができるんだね！」エンマがうれしそうに言った。ハンナレーナやヴァルプに報告すると、電話の向こうで明るい叫び声をあげているのがきこえた。大丈夫と言って私をなぐさめながらも、内心ハラハラして結果を待っていたアヌやセイヤも、知らせをきくと心から「おめでとう」の言葉をかけてくれた。日本の家族にもメールをすると、父からすぐに返事が来た。

「思い起こせば『フィンランドの高校に入学したい』と言って日本を旅立ってから、あらゆる困難を乗りこえて、ついに卒業という目的を達成したんだね」

今日まで私の一挙一動を見守り、すべてを分かちあってくれたたくさんの人々の存在を、かつてないほどつよく感じていた。

原点と終点の狭間《はざま》で

それから十日後、夢にまで見た晴れの日の朝に、起きあがって窓辺に立つと、そっと目を閉じてみた。この四年間のことを頭に思いめぐらせてみようと思ったのだが、すべてを一度に思い出すのは無理な話だ。ただ、本当に長い道のりを歩いてきたことだけは明らかだった。

今日はついに、高校卒業の証《あかし》である白い帽子をかぶる日。「フィンランドの高校卒業」は、私の旅が一つの区切りを迎えることを意味していた。思えばその旅は、小学生の頃、ムーミンの本を開いたときからはじまっていたのだ。

校舎に着くと、卒業生たちの座る二階へ上がった。席はクラスごとに苗字のＡＢＣ順に並んでいて、四年生の中でも私の場所は一番うしろにあった。卒業帽や卒業証書が渡されるのも、私が一番最後だ。となりの席には、白いスーツを着たティーナと、黄緑色の春らしいドレスを着たセシリアの姿があった。

「すてきなドレスだね。それでしょう？　自分で作ったのって」セシリアが言うと、

「えっ、刺繍も自分でやったの？」ティーナが目を丸くした。

こんなふうにみんなでおめかしするのも、ダンスパーティーのとき以来だな、と思った。前の

方に座っているエンマは、フィンランドの民族衣装を着ていて、素朴な感じがよく似合っていた。

　自分の席に座ろうとして椅子の上を見ると、何やら物が置いてあるのに気づいた。

「これ、本当に私の椅子？」

「もちろんだよ。すごいじゃない、エリカ！　椅子の上に載ってるのは賞品だよ。いくつも表彰されたみたいだねぇ」ティーナが言った。

「え、表彰⁉」

　自分が表彰されることになるなど、思ってもみなかった。いったい何の教科で表彰されたのだろうと、金色のバッジを手に取ってみた。

「これ、なんだろう？」バッジの裏には、確かに私の名前が刻みこまれていた。

「それは音楽のバッジだよ！　毎回卒業生の中からひとりだけ、特に音楽で優れていて、音楽の先生の催しものにも積極的に参加した人が表彰されるんだ」セシリアが教えてくれた。

「えっ、私が音楽で表彰されたの⁉　音楽をやってた人は他にも何人もいたのに……」

「自分で作曲や作詞を手がけて発表したのは、エリカだけだったからね」セシリアが微笑んだ。

　Ｊａｇａｉｍｏの演奏のときも勇気づけてくれたエサが、私を選んでくれていた。

「それで、こっちの本はなんだろう」私の席の上には、分厚い植物図鑑も置いてあった。本を開いてみると、生物の先生からのメッセージが書かれた紙切れが見つかった。

『エリカへ、いつもうれしそうでがんばりやのお嬢さんへ。きっと将来の勉強にも役立つこの本を贈ります。生物の先生より』

「ということは、生物でも表彰されたのかなぁ？　でも私、特別に成績よかったわけじゃなかったけど……」理解に苦しんでいると、ティーナが笑いながら言った。

「表彰されたから、賞品をもらったんでしょう。エリカは生物が好きで、選択のコースもがんばって全部取ったから、きっとその熱意が認められたんだと思うなぁ」

メッセージをもう一度読みなおしながらうれしくなった。ティーナが続けた。

「四年前なんて、フィンランド語も片言しかできなかったのに、フィンランド人の生徒にも負けないくらいの成績を卒業試験で修めるなんて、本当に信じられないよ」

確かに初めはそうだったな、と私も遠い記憶をたどりはじめていた。


校長先生の祝辞や、在校生による音楽演奏の間、いたるところに数えきれないほどの思い出が染みこんでいる校舎を見渡した。初めてのクリスマス集会、ダンスパーティー、Ｊａｇａｉｍｏの初ライブ——。脳裏に映し出されるシーンは、何一つ色褪《あ》せず、まるできのうのことのように思い出せたため、今日の日を最後にこの学校の生徒ではなくなるということが、どうしても信じられなかった。なにしろ卒業式の今、一番はっきりと思い出せたのは、入学まもないあの日、「この学校の生徒になれてうれしい」と校長先生に告げたことだったのだから。ずっと夢に見ていたロヴァニエミの高校に入学した日から、もう四年もの年月が経つというのか……。

いよいよ卒業証書授与がはじまった。名前を呼ばれた卒業生は前へ出ると、高校卒業を証明する卒業試験の結果と、各教科ごとにコースの平均点の成績が記された証明書、それから白い学生帽を担任の先生と校長先生の手から受けとる。校長先生は一人一人に握手と「おめでとう」の言葉をかけてくれるが、各教科で表彰された生徒は、それについても発表されることになっていた。百五十人以上いる卒業生は、次々にそれぞれの帽子を受けとり、最後に四年生の番が来た。セシリアが前に出たとき、彼女が歴史で表彰されたことを校長先生が発表していた。セシリアやティーナが席に戻ってきたとき、校長先生の呼ぶ声がした。

「タカハシ・エリカ！」ドキドキしながら、先生のいる方へ階段を上っていくと、校長先生が客席に私を特別に紹介しているのがきこえてきた。

「今年度最後の卒業生のエリカは、言葉がほとんどわからない状態でこの学校に入学し、本当にたくましく成長しました。語学力を上達させる努力を惜しまず、その成果が彼女が残した卒業試験の成績にも表れています。彼女の勇気と並々ならぬ努力を称えて、拍手を送ってあげてください」校長先生がそう言ったとたん、その風圧で体が浮かびそうなほどの大きな力づよい拍手が、校舎いっぱいにわきあがった。

「おめでとう……！　あなたは本当によくがんばった」校長先生は、帽子と卒業証書を手渡すと、しっかりと私の手を握った。今までの感謝の気持ちのすべてを一つの言葉に込めるように、「本当にありがとう」と言って、私もつよく手を握りかえした。

式が終わると、卒業生も式を見に来ていたお客さんも、いっせいに外へ向かった。

「エリカ、おめでとうー！」私の姿を見つけたエンマのお母さんが、抱きついてお祝いの言葉をくれた。「今日の式では、エリカへの拍手が一番大きかったね」

「エリカの卒業は、ものすごい重みがあるよ。卒業試験のためにも、エリカは他の人の二倍は努力をしなければならなかったろうからね。本当にすばらしいよ」近くに来たセシリアのお母さんが言った。

人の波をかきわけて、もう一度校舎の中へ入ると、一言お礼が言いたくて校長先生の姿を探した。校長先生は見当たらなかったが、生物の先生に先ほどの受賞のお礼を言った。

「どういたしまして。エリカのがんばりは、表彰するに値するものだったよ」生物の先生が微笑みを浮かべた。いつの間にか、ドイツ語や英語や美術の先生たちも集まってきていた。

「皆さん、本当にありがとう！　四年間お世話になりました」

にこやかなやさしい先生たちの顔を瞳に焼きつけると、車の待つ外へと下りていった。途中で一度振りかえってみたが、階段の陰に隠れた先生たちの姿はもう見えなかった。

家へ戻ると、エーヴァがパーティーの準備をととのえてくれていた。パーティーにはウリニヴァ家の親戚の家族が集まってくれた。私をウリニヴァ家の娘のひとりとして受けいれてくれ、卒業のニュースをきいた親戚の人たちがわざわざかけつけてくれたことを、とてもありがたく思った。

ウリニヴァ家でのパーティーを早々に切りあげると、次のパーティー会場であるヴァルプの家へ向かった。私が着いたときには、もう最初のお客さんが入り口に立っていた。

「エリカ、おめでとう！」友達のクリスティーナが、ピンク色のバラの花束を差しだした。そのあとも続々と人が集まり、ラップランド大学事務総長のリルバリ夫妻や、学校からセイヤもかけつけてくれた。なつかしい友達のサンニやヘイニ、サトゥやリーッカも、私の卒業を祝いに集まってくれた。みんなから贈られたバラの花束が山のようになり、目をみはった。パーティーには、結局三十人以上の人が訪れ、ウリニヴァ家のお客さんも合わせると、全部で五十人近い人が卒業を祝ってくれたことになる。そのことは、私がフィンランドで、片時もひとりではなかったということを証明していた。

パーティーが終わりに近づいた頃、ライヤさんがかけつけてくれた。

「本当に立派になって……」玄関で私の姿を見たとたんに言葉が詰まり、涙を浮かべたライヤさんは、両腕で私をぎゅっと抱きしめた。「四年前、空港に片言しか話せないシャイな日本人の女の子を見つけたときは、正直この子は本当にやっていけるのだろうかと思ったわ。でも、あなたは私の想像を超えるほどの努力をして、うちを出ていったあとも、会うたびにフィンランド語が上達していていつもおどろかされたわ。そして、今日努力が実を結んでついに卒業帽を手にした……。すばらしいわ。本当によくがんばったわね」

「そうじゃないよ。ライヤさんがいてくれたから、私はフィンランド語が好きになれたんだ。ここに今日集まってくれた人たちがいてくれたから、私はここまで来られたんだよ……！」

ライヤさんは、私がロヴァニエミに降り立った日のことを覚えていた。フィンランドで暮らしたいという、一つの夢以外は何も持たず、この国のことを何も知らなかった頃の私を。ロヴァニエミがもう一つのふるさとになるまえの私のことを。この四年間ロヴァニエミで、なんと壮大な心の旅をしてきたのだろう……。ふとあたりを見まわし、集まってくれた親友たちの姿を見て、心の底から思った。

「なんて多くのものを、得たのだろう……」

六月三日、オウル大学で地質学の入学試験があった。運よく勉強していた範囲から問題が出たこともあり、試験の出来には自分なりに満足していた。あとは大学入試の結果を日本で待てばいいだけだ。

六月の中旬、滞在許可が切れるまえに、私は日本に向けてフィンランドを発った。ロヴァニエミのリュセオンプイスト高校という特定の居場所を失った今でも、私の居場所はいつでもフィンランドのどこかにあることをつよく確信していた。

叶わぬかもしれなかった夢が、ゆるぎない現実になったことを確かに感じながら、飛行機の中で私はつぶやいた。

「無理かどうかなんて、やっぱりやってみなければわからないものだな……」

こうして、私のフィンランドを舞台とした心の旅は、一幕目を下ろした。

エピローグ

Epilogi

七月、日本に里帰りしていた私のもとに、オウル大学に合格したとの知らせが届いた。手に汗をにぎる思いで結果を待っていた家族は心から安心し、私もこれでフィンランドに帰れるのだと思うと、これ以上ないほどの大きな喜びがわき上がってきた。二〇〇四年八月の終わり、私のフィンランドでの人生は二幕目を上げた。

九月になるまえにオウルに移り、私はフィンランドで大学生になった。専攻の地質学は想像していた以上に興味深い分野で、しかも他に興味のあった生物学のコースも、一年生の頃からすぐに受講することができて、とても満足していた。友達も数人できたが、年齢はバラバラで、高校生にも増して一人一人がマイペースなところに、高校とのちがいを感じていた。

そんな日々に、ロヴァニエミで高校に通っていた頃のことを思い出していた。私に本当の笑顔を取りもどしてくれた、大切な人たちがそばにいたあの頃を――。

「ムーミンがきっかけでフィンランドへ来て、がっかりすることはなかった？」

何度かそうたずねられたことがあった。それに対して私が首を大きく横に振って答えたことは言うまでもない。

ムーミンは単なるきっかけにすぎない、と高校生の頃は考えていたが、四年間を過ごしたあと、私はおどろくべき事実に気がつきはじめていた。

『ムーミン谷の仲間たち』(訳・山室静、講談社)の中で、スナフキンがおびえた目をしたはい虫に会うという話がある。個性のない生活をするはい虫の社会に満たされず、自由に生きることを願っていた一匹のはい虫は、その自由きままな生き方にずっとあこがれていたスナフキンに、川の向こう岸で出会う。スナフキンのキャンプの火にあたり、スナフキンに会ったことで自分を特別なはい虫だと思いこもうとしたが、そんなはい虫にスナフキンは「あんまりだれかを崇拝したら、ほんとうの自由はえられない」と言う。だが、スナフキンに名前をもらい、自分が一つの人格であることを知り、ついに自分自身を見出すことができるのだ。

同書の解説で高橋静男氏(フィンランド文学研究家)は、こう語っている。

「ムーミン童話のあちこちの場面で描かれているこの救済には『助けてもらう・助けてやる』という意識はなく、助けられた者が助けてくれた者にあとで恩義を感じるとか、犠牲的精神を発揮して誰かを助けるというようなことは起きていない。ここにはみんなが好きなように生きているうちに、誰かが救済されてしまう世界がある」

スナフキンはこれと言って、はい虫を助ける努力をしたわけではない。それなのに、はい虫はスナフキンと出会ったことによって一個の人格に目覚め、自分自身を見つけだすことができた。

フィンランドへ来てから、再度その本を手にとった私は、ふたりの間にいったい何が起こったのだろうと考えているうちに、気がついたのだ。はい虫の姿が、フィンランドへやってきた頃の自分の姿と、信じられないくらいぴったり重なっていることに――。


見失ってしまった自分というものに区切りをつけ、生まれ変わるような覚悟でフィンランドに来た頃の私は、自分の身以外何も持ちあわせていなかった。そんな私にフィンランドが思いもよらず与えてくれたのは、いつの間にか失くしてしまっていた「自分本来の姿をした自分」だった。私もまた、ここで出会ったたくさんの人々によって、心を救われていたのだ。

フィンランドで出会った人々は、誰もがムーミン谷の住人に引けをとらないほど個性的なキャラクターの持ち主だった。自分というものをしっかり持ち、それぞれが思うままのスタイルで生きている彼らを、最初は私も不思議に思ったものだ。それでも社会全体に調和がとれているのは、人はそれぞれちがっていてあたりまえなのだということを、一人一人が理解しているからだ。そして、それぞれのちがいにもかかわらず、人々はお互いのありのままの姿を受けいれることができている。他人に干渉されることもなく、何かによって強要されることもなく、本来人間にとって基本的権利であるべき、「在るがままに在る自由」をこの国の人々は手にしている。「自分自身」をよく知っているからこそ、彼らは他人とも対等につきあえる。豊かな想像力を使い、相手の置かれている状況を考えることで、人々は損得を離れた純粋な思いやりの気持ちを持って、お互いと接することができるのだろう。

フィンランドへ「渡来」してきたよそ者の私にも、「在るがままに在る自由」は、すぐに差しだされた。自分をできるかぎり抑制した中学校生活を送ったあとの私には、自由の「使い方」がわからず、初めは戸惑ってしまった。だがそのあと、どんなときにも自分にまっすぐな人々との出会いによって、私は大きな刺激を受け、その一つ一つが自分を変えていく大きな力となっていった。もちろん彼らには、「エリカを助けてやった」などという意識は欠片もない。ただ、自由きままに生きるスナフキンとの出会いによってはい虫が変わっていったように、「人はこれほどまで、自由に自分らしく生きることができるのだ」と証明してくれたフィンランドの仲間たちによって、私の心が救われたのは紛れもない事実だった。

高橋氏は、ムーミンの起源についてこのように述べている。

「自分らしい人生を持てないでいることの悲しみは、ヤンソンさんにとって他人事とは思えず、ムーミン童話を書かずにはいられなかった理由の一端はここにあったと見てよいのではないでしょうか」

ムーミンによって私が導かれたフィンランドという国には、ムーミン童話の中の世界に在る「人間が人間らしく生きるために大切なもの」が、実際に息づいていた。フィンランドという国そのものが、実は私があこがれた「ムーミン谷」だったのだ。おどろくべきことに、私はまさにムーミン童話の世界を実際に体験していたのだ。

今の世の中で、「自分らしく生きる」ことほど、むずかしいことはないかもしれない。人とは、一度は自分を見失ったり、生きている実感をなくしたりしながら、歩んでいくのが現実なのかもしれない。だが、人にはそれぞれ、自分らしい生き方を取りもどすための「自分だけの方法」がある。誰もが皆、脱けだせないとあきらめていた状況を変えることのできる、運命的な「何か」に出会える可能性を持っているのだ。私の場合、それがムーミン谷の物語をきっかけに知った、フィンランドだった。

一度失った「自分らしい生き方」をとりもどすことができたなら、この先何が起こっても、どんな状況におかれても、光を見いだすことができる自分になっているにちがいない。

あとがき

高橋絵里香

卒業して数年後、私が母校でのできごとや思いを執筆している最中に、リュセオンプイスト高校が、廃校の危機に見まわれたことがあった。観光に力を入れたい市が、街の中心地にある敷地を学校として使うのはもったいない、という理由で廃校を提案したというのだ。その話が持ちあがったのは、保護者のように私を見守ってくれたカルッキネン校長が、定年退職をする直前だったが、

「もったいないとは、なんです！」と声をあげたのは、やはりカルッキネン先生だった。

「子どもたちは、未来の希望なのです。未来へはばたく若者たちをはぐくむ場所以上に、価値のあるものがあるでしょうか」先生は、五十年以上もの歴史を持つ学校を守るために、市民を説得し続けた。

そうしているうちに、市全体に「リュセオンプイスト高校を残そう」という動きが生ま

れ、ついに廃校の話はなくなったという。

今までも校長先生の価値観や考え方にはとても多くのことを学んできたが、私が高校をあとにしても、彼女の生き方は私の中に尊い手本として大きく影響しているのは確かだ。数あるフィンランドの高校の中でもリュセオンプイスト高校にたどり着き、カルッキネン先生に出会えたことを、今まで以上に幸せに思った。

私のたどってきた道には、そんなかけがえのない人々との「出会い」が、一本の筋を作っていた。その一つ一つが、あたたかな光となって、私の足元を照らし、不安なときに希望を与えてくれた。だから私は、望んだ場所へたどり着くことができたのだ。どれか一つでも「出会い」が欠けていたとしたら、私はここにはいなかっただろう。今立っている場所からは、点々とうしろへ続く大切な出会いがすべて、「運命」というロープでつながっていたのがよく見える。それを感じるたびに、感謝や安堵の気持ち、それに幸福感が入りまじって、胸が熱くなってくる。

フィンランドにたどり着くまで、私を応援してくださったすべての人に心からの感謝を伝えたい。両手を広げて私を迎えいれてくれたロヴァニエミの仲間たちには、そばにいて共に笑い、泣き、怒ってくれたことに感謝したい。

そして、担当編集者の横川浩子さんとの出会いも、トーベ・ヤンソンの作品によって導かれた運命のひとつだったのかもしれない。不思議なくらいいつも適切な助言をくださる横川さんは、原稿を書いた自分でさえも気づかないようなところまで読みとり、これ以上ないほど原稿を理解されていた。「感謝」という言葉ひとつでは足りないほど、両手いっぱいの感謝の気持ちを捧げたい。

二〇〇七年二月七日